大学生体质健康与体育锻炼研究

◎胡吴进 著

图书在版编目（CIP）数据

大学生体质健康与体育锻炼研究 / 胡吴进著. -- 湘潭：湘潭大学出版社，2023.8
ISBN 978-7-5687-1186-9

Ⅰ. ①大… Ⅱ. ①胡… Ⅲ. ①大学生－身体素质－健康教育②大学生－体育锻炼 Ⅳ. ① G807.4 ② G806

中国国家版本馆 CIP 数据核字（2023）第 139638 号

大学生体质健康与体育锻炼研究

DAXUESHENG TIZHI JIANKANG YU TIYU DUANLIAN YANJIU

胡吴进 著

责任编辑： 刘文情
封面设计： 张 波
出版发行： 湘潭大学出版社
社　　址： 湖南省湘潭大学工程训练大楼
电　　话： 0731-58298960 0731-58298966（传真）
邮　　编： 411105
网　　址： http://press.xtu.edu.cn/
印　　刷： 长沙创峰印务有限公司
经　　销： 湖南省新华书店
开　　本： 710 mm×1000 mm 1/16
印　　张： 13.5
字　　数： 202 千字
版　　次： 2023 年 8 月第 1 版
印　　次： 2023 年 8 月第 1 次印刷
书　　号： ISBN 978-7-5687-1186-9
定　　价： 50.00 元

本书课题基金：

1. 2021 年创新创业基地项目：伴成长儿童素拓研学公益培训中心 – 用心守护未来（2021ZX07）

2. 2022 年实践教学基地建设项目：东华理工大学南昌十中体育实践教学基地（DHJD–202209）

3. 2022 年教改课题：基于需求驱动的体育教育专业开设学龄前儿童体适能课程的研究（DHJG–22–77）

4. 2022 年实践教学基地建设项目：东华理工大学江山定向越野综合实训基地（DHJD–202205）

5. 2022 年江西省体育局项目：后疫情背景下江西省老年人体质动态于分析（2022039）

6. 大数据视域下智能穿戴设备对大学生体质健康干预的实证研究（H202300088）

前言

大学生正处于身体成长的关键时期，创新高校体育与健康教育模式，强化对学习者的科学化培养，通过体育与健康教育帮助大学生树立锻炼意识，养成良好的锻炼习惯，能真正确保全民健身与全民健康计划的有效落实。本书通过探讨体育与健康教育对大学生体质健康水平的影响，以此完善素质教育架构，为体育强国梦的实现积蓄人才，实现中国化教育的创新发展，更能助推高校体育与健康教育迈向新的发展台阶。

随着现代科技的不断发展，社会现代化和生产自动化的进程大大加快，人类劳动强度大大降低，使得人们从以繁重的体力劳动为主逐渐过渡到以脑力劳动为主。丰富的物质生活方式与现代化自动化的生产方式导致人们营养过剩，体育锻炼不足，再加上不良的生活方式和日益恶化的生态环境等因素，不同程度地影响着人们的身体健康。特别是网络和智能电子设备的普及，一些青少年沉迷于网络游戏、网上娱乐消遣，致使他们活动量很低，身体机能普遍下降。笔者就大学生体质健康状况进行了调研，并提出了针对性的意见和建议。与此同时，本书介绍了体育锻炼增强体质的理论依据，阐述了体育锻炼的基本原则，结合实际对锻炼项目和内容、选择提出了具体方法，推荐个人锻炼运动方法。

好的体育锻炼活动不仅能提升身体素质，还能解决当代大学生存在的部分心理问题，提高其心理健康水平。高校可以通过提高心理健康教育重视度，创设良好校园文化氛围，提高教师心理健康教育能力，利用好课堂教学渠道、掌握大学生心理健康现状，丰富课外体育锻炼活动，结合心理承受力开展训练，关注弱势群体等路径，深化对学生体育锻炼意识和习惯的培养，促进其身心健康发展。

为了提升本书的学术性与严谨性，在撰写过程中，笔者参阅了大量的文献资料，引用了诸多专家学者的研究成果，因篇幅有限，不能一一列举，在此一并表示最诚挚的感谢。由于时间仓促，加之笔者水平有限，在撰写过程中难免出现不足的地方，希望各位读者不吝赐教，提出宝贵的意见，以便笔者在今后的学习中加以改进。

目录 CONTENTS

第一章　体质与健康概述

第一节　体质与健康的定义

一、体质的定义

体质是人体的质量，它是在遗传性和获得性的基础上表现出来的人体形态结构、生理功能和心理因素的综合的、相对稳定的特征。人体的形态结构、生理功能、身体素质和运动能力（简称体能或体力）、心理发育（或发展）以及对外界环境的适应能力是寓于人体、相互依存、相互影响、相互制约，构成体质且不可分割的重要因素。

身体的形态结构是体质的物质基础，生理功能、体能和心理条件是体质的主、客观表现，对内外环境的适应能力是它们的综合反应。一定的形态结构，必然表现为一定的生理功能。体能是各器官系统的机能能力在人体运动过程中的客观反映。提高体能的过程会相应地引起机体一系列形态结构、生理功能的变化；而伴随着形态结构、生理功能的变化和体能的提高，又会产生一定的心理过程和个性心理特征，从而促进人的心理发展。根据上述认识，体质应包括：①身体形态发育水平，即性格、体型、姿势、营养状况、身体组成成分；②生理功能水平，即机体代谢水平及各器官系统的效能；③心理发育（或精神因素）水平，即智力、情感、行为、意志力、感知觉、个性、性格等；④身体素质和运动能力发展水平，即速度、力量、耐力、灵敏、协调、柔韧和走、跑、跳、投、攀登等身体活动能力；⑤适应能力，即对各种环境的适应能力和对疾病的抵抗力。总的来说，体质应包括体格、体能和适应能力三部分。

体质是人的生命活动和劳动能力的物质基础，在其形成、发展和消亡的过程中，具有明显的阶段性，表现出从最佳功能状况到严重疾病的功能障碍等各种不同阶段的体质水平。理想的体质是指良好的人体质量，是在遗传的基础上，经过后天的努力改造所能达到的形态、结构、心理素质、生理功能和对外环境适应的整体良好状态。

二、健康的定义

健康是生命的象征、幸福的保证。人人需要健康，向往长寿，那么什么是健康呢？古往今来，人们对于健康的解释各不相同。过去，人们总认为“无病、无残、无伤”即健康。长久以来，“没病就是健康”的传统健康观和“人的命天注定”的宿命论仍在社会人群中普遍存在。殊不知，即使没有任何躯体上的疾病，在生活中还会有烦恼、抑郁等不良现象存在。然而，随着社会的发展和科学技术的进步，人们已突破了原先的思维模式，对健康的概念有了新的认识。因此，对大学生进行健康教育，宣传和普及新的健康观尤为重要。

（一）健康的概念

世界卫生组织（WHO）于1948年在其宪章中指出健康的定义是：“健康不仅是免于疾病和衰弱，而且是保持体格方面、精神方面和社会方面的完美状态。”1978年国际初级卫生保健大会所发表的《阿拉木图宣言》中，对健康的描述又重申；“健康不仅是疾病与体弱的匿迹，而且是身心健康、社会幸福的完美状态。”1989年WHO提出了健康的新概念，除了躯体健康、心理健康和社会适应好外，还要加上道德健康，只有具备这四个方面的健康才算是完全的健康。这是最新的最有权威的关于健康的概念。1994年6月，世界卫生组织亚太地区执委会提出了“健康新地平线”战略来迎接21世纪，明确提出，未来医学和卫生工作的侧重点应该是“以人为中心，以健康为中心”，而不是以疾病为中心，并且必须将重点放到有利于健康的工作上，作为人类发展的一部分。

（二）健康的组成

健康的新概念揭示了健康的四个方面，它们之间相互联系，相互影响。因此，对于维护人体健康而言，以下几方面缺一不可。

1. 生理健康

人体的生理功能指以结构为基础，以维持人体生命活动为目的，协调一致，复杂而高级的运动形式。生理健康指人体的结构完整和生理功能的正常。生理健康是其他方面健康的基础。

2. 心理健康

心理健康是生理健康的发展。判断心理是否健康的一般原则是：心理与环境的统一性，指心理所反映客观的现实，无论在形式或内容上应同客观环境保持一致[①]。

心理与行为的整体性：指一个人的认识、体验、情感、意识等心理活动和行为在自身是一个完整和协调一致的统一体。

人格的稳定性：指一个人在长期的生活经历过程中形成的独特的个性心理特征，它具有相对的稳定性。

3. 道德健康

道德可简单解释为做人的道理和应有的品德。道德健康以生理健康、心理健康为基础，并高于生理健康和心理健康。道德健康的最高标准是“无私

① 林志超．高职体育与健康规划教程[M]. 北京：北京体育大学出版社，2009.

利他”；基本标准是“为己利他”；不健康的表现是“损人利己”和“损人不利己”。

4. 社会适应健康

社会适应主要指人在社会生活中的角色适应，包括职业角色、家庭角色，以及在学习、工作、家庭、娱乐、社交中的角色转换与人际关系等方面的适应。社会适应良好，不仅要具有生理健康、心理健康和道德健康，而且要具有较强的社会交往能力、工作能力和广博的科学文化知识；不仅能胜任个人在社会生活中的各种角色，而且能创造性地取得成就，贡献于社会，达到自我成就和自我实现。社会适应健康也是健康的最高境界。缺乏角色意识、发生角色错位是社会适应健康不良的表现。

（三）健康的标准

1. 世界卫生组织提出的健康的14个标志

（1）有充沛的精力，能从容不迫地应付日常生活和工作而不感到有精神压力。

（2）处事乐观，态度积极，勇于承担责任。

（3）善于休息，睡眠良好。

（4）应变能力强，能适应外界的各种变化。

（5）能抵抗普通感冒和一般传染病。

（6）体重合适，身材匀称。

（7）眼睛明亮，反应敏锐。

（8）头发具有光泽而少头屑。

（9）牙齿清洁无龋齿，牙龈无出血且颜色正常。

（10）肌肉、皮肤富有弹性。

（11）不吸毒，不淫乱。

（12）有良好的公德和道德修养，品德高尚。

（13）不侵占、剽窃他人的钱财、物品及研究成果。

（14）对自己和他人的健康负责，工作、生活和娱乐时不影响、不损害他人的利益和健康。

2.“五快三好”检查标准

世界卫生组织提出了人类新的健康标准。这一标准包括肌体和精神健康两部分，具体可用“五快”（肌体健康）和“三好”（精神健康）来衡量。

（1）“五快”。

吃得快：进餐时，有良好的食欲，不挑剔食物，并能很快吃完一顿饭。

便得快：一旦有便意，能很快排泄完大小便，而且感觉良好。

睡得快：有睡意，上床后能很快入睡，且睡得好，醒后头脑清醒，精神饱满。

说得快：思维敏捷，口齿伶俐。

走得快：行走自如，步履轻盈。

（2）“三好”。

良好的个性人格。情绪稳定，性格温和；意志坚强，感情丰富；胸怀坦荡，豁达乐观。

良好的处世能力。观察问题客观、现实的能力，能适应复杂的社会环境。

良好的人际关系。助人为乐，与人为善对人际关系充满热情。

还有一些学者认为健康就是适应。他们说：“健康是一种人类对其生活中面临的所有生物的、生理的、心理的和社会刺激因素的一系列连续的适应。”总之，健康的概念及定义是由不同历史阶段的科学发展和社会进步所决定的，而随着现代科学的发展、社会的进步，人们对健康的认识必将更为确切，更符合其内在规律。

第二节　体质与健康的关系

从体质与健康的概念和体质与健康关系的文献研究分析表明，不论是体质所包括的五个内容，还是三维的健康观，都是身心的两个方面密切联系的结果，即从“身心一元论”的观点出发，认为体质和健康是身体因素和心理因素的统一体。体质与健康之间既有联系，又有区别。

一、体质与健康的区别

首先，体质是一种“特质”，而健康是一种“状态”。体质是身心发展长期的、相对稳定的特征，而健康是表示一个人身心的完美状态，具有流动性、易变性等特点。如一个人今天是健康的，但明天也许会感冒发烧或者因其他问题而感到焦虑不安。我们通常说一个人的体质较好，是先天较好的遗传因素，是后天长期的合理运动、平衡膳食和良好的生活方式而形成的结果。也许今天他得了感冒，但我们仍然说他的体质较好。因为他有较好的生理功能、心理应激能力和对自然、社会的适应能力。从长时间来看，他比一般人得病少或不易生病，达到健康的可能性就高。

其次，体质是一种“能力”，健康是这种能力和其他因素（不可抗拒的流行性疾病和自然灾害等）相互作用的外在“体现”。体质是人体的质量，质量有好有坏，能力有高有低，好的质量对应高的能力。一个人具有在形态结构、生理机能和心理因素高的“能力”，就可以很好地适应各种自然和社会的变化，具有很高的适应能力。而健康是这种能力的表现结果，如果这种能力征服了自然、改造了社会，该个体就表现出很好的健康水平，否则，健康水平就差。

最后，增强体质是“手段”，是达到健康的一个过程，健康才是最终的“目的”。我们追求的是人人健康、幸福，是身心最可能的良好状态。

二、体质与健康的联系

体质与健康有密切的关系。一方面，体质是健康的前提和基础。失去了良好的体质，健康就是无源之水，无本之木，一个人要想拥有健康，首先必须有良好的体质；另一方面，健康是良好体质的归宿和最终目标。我们通过多种手段增强体质，最终是为了增进健康，享受生活。

从体质与健康的外延来看，健康内在地包含着体质，体质只是健康的一个方面，增强体质与增进健康具有一致性，增强体质最终是为了增进健康，增进健康是人们的最终目标。

体质与健康呈现出一定的相关性，但两者并非线性关系。体质的状况在一定程度上能反映出健康水平，如果一个人有良好的体质，就表示他有良好健康的可能性，或者说，他可能会有较高的健康水平，因为较高的健康水平是建立在良好的体质基础上的，但有良好的体质却未必就有健康，健康与体质并不成正相关。另外，健康与否也能在一定程度上反映出体质的强弱。但应注意，同是健康的人，其体质可能千差万别；体质差不多的人，其健康状况也可能大相径庭。总之，体质与健康之间既有联系又有区别，具有共性的特征，又有个体的差异。

第三节 当代大学生的体质健康状况

近年，大学生体质状况逐年下降的趋势并没有改变，体重指数超标、运动能力下降、近视率上升等问题一直存在，想要改善大学生体质，需要全面深入对其进行分析。

一、学校与家庭价值观的缺失

我国学校和家庭非常重视文化课程的学习。文化课程的质量决定了学生是否受到优质教育的一个考核标准，学校教育中过于强调文化课程的学习，而忽视体育教育。许多学校的体育教育方案不合理，体育教师不足，体育场地设备不足，缺乏体育和文化氛围。然而在某种意义上，每天都在高喊高质量的教育，但并没有真正实现学生的高质量教育。家庭是一个孩子最先接触教育的地方，但往往家庭更关心学生的文化课成绩。很多父母对体育运动没有普遍性的认知，他们在孩子面前没有树立好的榜样，没有营造好的体育运动环境，所以孩子没有养成良好的体育运动习惯。因此，家庭缺乏体育认知，学校没有营造良好的体育文化环境，社会普遍对体育运动的忽略等问题都是影响大学生体质健康的因素。

二、体育教育理念的落后性

我国高校的体育教育注重“安全第一”。我国高校体育课程现在基本以竞技体育中的篮球、排球、乒乓球等项目组成，但是由于体育运动存在一定的受伤风险，学校和体育教师往往会选择最小的运动强度和最弱的运动负荷来降低学生的运动受伤风险。这就会导致学生的身体锻炼达不到一定强度，从而导致学生的体育运动兴趣缺失以及身体素质下降。

三、以考核为主的体育课不被学生认同

高校体育教学的评价体系中，大多将考核的重点集中在学生的期末考核结果方面，运用数据作为教学质量唯一的评价依据，却没有将大学生体质健康作为一个衡量标准纳入教学考核体系中，所以导致考核结果存在一定的片面性。这种单一的考核方式，让学生对体育课有了抵触情绪，严重影响了学生对体育运动的主观能动性和积极性，也不利于学生体育运动习惯的养成。

四、体育教育的缺失造成大学生体育意识薄弱

大学生体育健康意识薄弱是大学生身体素质下滑的重要原因。一方面，高中阶段的文化课学习压力过于繁重，没有时间进行体育运动，造成学生体质较差，进入大学阶段后，因为对体育运动认知的缺乏和高中不进行体育运动的习惯，大学生仍然不会进行体育运动。另一方面，进入大学，一直紧绷的神经突然得到放松，很多大学生一时失去了方向，开始迷恋网络游戏，迷恋休闲惬意的舒适生活，宿舍、教室、宿舍三点一线，他们没有时间也没有意识参加体育锻炼。还有一方面，大学生正处于人生的黄金时期，他们年轻，身体状态处于人生的巅峰，即使生病也很快就会康复，部分大学生认为体育锻炼对于他们可有可无，只有在身体状况不好的情况下才会想起体育锻炼的重要性。

五、体育在教学中的边缘化

随着世俗文化在教育中位置的逐步升高，体育教育的边缘化是必然的结果，从根本上来说是人们对于世俗文化的认同感远远高于体育教育。体育教育的边缘化也是导致大学生体质健康下降的原因之一。经济导向现已成为社

会中的价值取向，这是市场经济体制冲击下演变的结果。体育教育没有紧跟时代进程，也没有跟随现代化的脚步，所以导致体育边缘化的发生。在学校教育中表现为科学教育、人文教育等世俗教育压制体育教育，并且彼此成为一种相对立的关系，而体育教育和世俗教育的对立关系中，体育教育历来不受关注。

六、饮食观念及饮食环境的非健康化

保证大学生体质健康的重要因素除了积极参加体育运动之外，最重要的就是饮食的科学性以及合理性。目前，我国高校食堂大部分为外包商业化模式，以营利为目的的食堂为了迎合大学生们的口味要求，在菜品的制作上普遍采用重油重盐的方式，并且因为口感大于营养价值的因素，油炸食品的数量要多于营养菜品的数量。此外，许多大学校园里或临近校园的街道开设小吃街，小吃种类繁多，但大多以油炸高热量类和重调味品类的小吃为主。这样的小吃因为口感好往往深受同学们的喜爱，大学校园的小吃街也经常成为网红打卡的地点。大学生长期食用非健康小吃对体质健康有着很大的影响。

第四节　《国家学生体质健康标准》解读

为了正确认识自身的体质健康状况，以便通过体育运动等各种手段进一步提高自身的体质健康水平，采用科学的体质健康测评体系，定期进行体质健康测评是十分必要的。

教育部、国家体育总局为贯彻落实健康第一的指导思想，切实加强学校体育工作，促进学生积极参加体育锻炼，养成良好的锻炼习惯，提高体质健康水平，在认真总结试行《学生体质健康标准》的基础上，经修改和完善，

重新颁布了《国家学生体质健康标准》（以下简称《标准》）。

《标准》是《国家体育锻炼标准》的有机组成部分，是《国家体育锻炼标准》在学校的具体实施，是国家对不同年龄段学生体质健康方面的基本要求，是测量学生体质健康状况和锻炼效果的评价标准，适用于所有普通高等学校的在校学生。

一、《标准》的新特点

（1）突出“健康第一”的指导思想。测试内容的选择考虑了与身体健康状况关系密切的身体健康素质要素。

（2）增强了《标准》的适应性。测试项目设置了必测和选测项目使用的范围，既适用于城市学校，也适用于广大农村学校，测试的目的旨在促进学生的全面发展，扩大了《标准》的可行范围。

（3）实现教考分离。注意测试项目与练习项目的分离，防止考什么教什么的应试教育倾向和对正常体育教学的影响和冲击。有利于促进学生综合素质的提高。

（4）反馈意义明确。评价量表除了定量指标外，还增加了定性等级。如：营养不良较轻体重、正常体重、超重和肥胖：优秀、良好、及格和不及格。《标准》虽然设置这些等级，但并不是为了甄别和选拔的功能，而是强调针对学生个体差别的激励和促进发展功能，重视学生个体差异。采用有针对性的个体评价方法，有利于针对每个学生的个体情况，进行科学的体育锻炼，促进学生体质健康的全面发展。

（5）评价更加合理。评价量表采用了4等级（优秀、良好、及格和不及格）7段制，充分体现了评价的公平和激励机制。

（6）增强学生强身健体的责任感。增加了《标准》登记卡片并归档保存，与新课程标准的理念一致，建立学生成长的记录，促进学生的发展，填补了学生档案中只有德育和智育材料，而没有做学生健康状况材料的空白，强化对学生自我健康意识和社会责任感的培养。

（7）加快学生体质健康状况监测工作科学化、现代化的步伐。学生体质健康标准智能服务系统软件、测试仪器的开发与应用、磁卡在测试成绩登记中的应用等，都加速了学生体质健康状况监测工作料学化、现代化的步伐。

二、《标准》实施意义

（一）贯彻落实《体育法》

《国家体育锻炼标准》是我国重要的体育制度，《体育法》明确规定：学校必须实施国家体育锻炼标准，对学生在校期间每天用于体育活动的时间给予保证。《标准》是《国家体育锻炼标准》在学校中的具体实施，目的在于鼓励广大大学生自觉积极地锻炼身体，促进身体的正常发育和全面发展，增强体质，为全面建设社会主义现代化国家，为培养德、智、体、美全面发展的社会主义建设者和接班人服务。

（二）贯彻落实“健康第一”的指导思想

学校体育直接肩负着“增强全体学生体质”和“促进全体学生健康”的使命。《中共中央国务院关于深化教育改革全面推进素质教育的决定》明确提出，健康体魄是青少年为祖国和人民服务的基本前提，是中华民族旺盛生命力的体现，学校教育要树立健康第一的指导思想，切实加强体育工作，使学生掌握基本的运动技能，养成坚持锻炼身体的好习惯。

《国家学生体质健康标准》作为促进学生体质健康发展、激励学生积极进行身体锻炼的教育手段，是学生体质健康的个体评价标准。因此，它的实施必然会促进学生积极锻炼，使学生练就健康的体魄和健全的人格，将“健康第一”的指导思想落到实处，充分发挥学校体育在素质教育中的作用。

（三）满足社会发展对人体健康的需要

随着社会文明的不断发展，人类在充分享受物质文明的同时，也受到社会对健康带来的威胁，面对精神紧张、营养过剩、运动不足、环境污染等因素所引发的非传染疾病在全球不断蔓延，处于“亚健康状态”的人群不断扩大的趋势，人们对健康的要求越来越高。关爱生命，追求健康是现代人的健康理念。随着科学研究的不断深入，人类对健康的认识发生了深刻的变化，生理—心理—社会三维健康观也日益普遍地为人们所接受。同时，人们对体育的促进功能以及如何通过体育锻炼提高体质健康水平在理论上也有了进一步的提高，体质健康的测量与评价在手段和方法上也不断改进和创新。

《标准》是激励学生积极进行身体锻炼的教育手段，而不是为了甄别和选拔优秀体育运动员，它采用个体评价标准，突出了对发展和改善学生健康有直接影响且关系密切的身体机能、身体素质和运动能力方面的测评项目，体现了现代社会对健康的具体要求，从而满足了社会发展对体质健康评价的要求。

（四）发展并完善学生体质健康评价体系

学生体质健康评价是学校体育工作的重要环节，也是学校教育评价体系中的重要组成部分。正确、合理地对学生进行体质健康评价，对促进学校体育和教育工作具有十分重要的意义。

《标准》是在吸取《劳卫制》《国家体育锻炼标准》的成功经验，认真总结《劳卫制》《国家体育锻炼标准》《大学生体育锻炼标准》《中学生体育合格标准》《学生体育合格标准》《学生体质健康标准》执行过程中所取得的成绩和存在的问题的基础上，根据我国学生体质调研所反映出来的肺活量水平继续呈下降趋势，速度、爆发力、力量耐力等体能素质和心肺功能下降现状，参考国际上有关研究的成功经验和先进做法，建立在以健康素质为主要指标的新的评价体系。《标准》的颁布实现了一标多用：第一，取代《国家体育锻炼标准》中的学生部分，同时原《国家体育锻炼标准》的内容不再执行；第二，取代大、中、小学体育合格标准；第三，可以作为学生体育课成绩评定中体能部分的参考评价依据；第四，是大学生毕业的基本条件之一；第五，与全国学生体质调研的部分指标测试的数据互相兼容。

三、《标准》项目的测试方法

随着《标准》的实施及推广，测试方法和手段的合理与否，对《标准》实施的目的和效果起着至关重要的作用。如果测试方法不合理、不科学，测试手段不正确、不规范的话，无论《标准》的内容、结构、测试项目、评价指标设计得多么完美，《标准》测试结果的真实性和可比性将无法得到保证，《标准》实施也可能流于形式，从而失去《标准》实施的目的和意义。

（一）体重

1. 测试目的

采用体重测试法，结合身高测量法，对学生进行体形对称性测定，以评估其生长发育程度和营养情况。

2. 场地器材

杠杆秤或电子体重计。在应用之前，需要对它的准确性和敏感性进行测试。准确性的要求是，误差在 0.1% 以内，也就是 100 千克的误差在 0.1 千克以内。检测的方法是：使用备用的 10 千克、20 千克、30 千克标准砝码（或用等重标定重物代替），分别进行称量，并检查指标读数与标准砝码的偏差是否在允许的范围内。感光度的测试：将 100 克的重量放入秤盘，观察刻度尺的变化，若刻度上升 3 毫米，则游标偏移 0.1 千克。当刻度尺保持在水平线上时，就能满足需求。

3. 测试方法

测试时，将天平放于平地，然后将零点调节到刻度尺的水平位置。被测试者光着脚，男的穿短裤，女的穿短裤和短袖，站立于天平的中间。检测者放好重量，将光标移动到刻度尺上以保持平衡。读出的数字是千克，并保存到小数点后一位。当记录员重复读数时，记录测量的结果，误差控制在 0.1 千克以内。

4. 注意事项

（1）在测重之前，被测试者应避免从事高强度的运动和工作。

（2）被测试者立于天平中心，轻轻抬起天平。

（3）在使用天平时，必须对天平进行校正。为了防止出现误差，在每一次测量之前，检测员都要检查重量的标重。

（二）台阶试验

台阶试验也称“哈佛”台阶试验，通常用来评价人体的心血管机能，以台阶试验指数大小反映人体心血管系统机能状况。台阶试验指数值越大，则反映心血管系统的机能水平越高，反之亦然。

1. 测试目的

测试学生在定量负荷后心率变化情况，评价学生的心血管机能。

2. 场地器材

男生用高 40 厘米的台阶（或凳子）；女生用高 35 厘米的台阶（或凳子）。

3. 测试方法

测验前让受测试者做轻度的准备活动，主要是活动下肢关节。上、下台阶的频率是 30 次 / 分钟，因而节拍器的节律为 120 次 / 分钟（每上、下是四动）。被测试者按节拍器的节律完成试验。

被测试者从预备姿势开始：①被测试者一只脚踏在台阶上；②踏台腿伸直成台上站立；③先踏台的脚先下地；④还原成预备姿势。按 2 秒上、下一次的速度（按节拍器的节律来做）连续做 3 分钟。做完后，立刻坐在椅子上测量运动结束后的 1 分钟至 1 分半钟、2 分钟至 2 分半钟、3 分钟至 3 分半钟的 3 次脉搏数。并用下列公式算得评定指数，计算结果包含有小数的，对小数点后的 1 位进行四舍五入取整后进行评分。

评定指数＝［踏台上、下运动的持续时间（秒）×100］/ 2×（3 次测定脉搏的和）

如果被测试者不能完成 3 分钟的负荷运动，以实际上、下台阶的持续时间进行计算，计算公式和方法同上。

4. 注意事项

（1）有心脏病的人不能测试。

（2）按 2 秒上、下一次的节奏进行，当被测试者跟不上节奏时应及时提醒，如果三次跟不上节奏应停止测试，以免发生伤害事故。

（3）上下台阶时，膝、髋关节都应伸直。

（4）被测试者不能自己测量脉搏。

（三）肺活量

1. 测试目的

测试学生肺通气功能。

2. 场地器材

电子肺活量计。

3. 测试方法

被测试者做一两次较平日深一些的呼吸动作后，更深地吸一口气，向口唇处慢慢呼出直至不能呼为止。呼气完毕后，液晶屏上最终显示的数字即为肺活量毫升值。每位被测试者测三次，每次间隔 15 秒，记录三次数值，选取最大值作为测试结果。以毫升为单位，不保留小数。

4. 注意事项

（1）为保证仪器的准确，电子肺活量计的计量部位必须保持通畅和干燥，吹气筒的导管必须在上方，以免口水或杂物堵住气道。

（2）每测试 10 人及测试完毕后用干棉球及时清理和擦干气筒内部。严禁用水、酒精等任何液体冲洗气筒内部。

（3）导气管存放时不能折放。

（4）定期校对仪器。

（四）握力

1. 测试目的

测试学生上肢肌肉力量的发展水平。

2. 场地器材

电子握力计或弹簧式握力计。

3. 测试方法

被测试者两脚自然分开；成直立姿势，两臂自然下垂。一手持握力计全力紧握（此时握力计不能接触衣服和身体），记下握力计指针的刻度（或握力器所显示的数字）。每位被测试者用有力手握两次，取最大值为测试结果。读数以牛顿为单位，精确到小数点后一位。

4. 注意事项

被测试者应保持手臂自然下垂姿势，手心向内，不能触及衣服和身体。

（五）立定跳远

1. 测试目的

测试学生下肢爆发力及身体协调能力的发展水平。

2. 场地器材

沙坑、丈量尺。沙面应与地面平齐，如无沙坑，可在土质松软的平地上进行。

起跳线至沙坑不得少于30厘米。起跳地面要平坦，不得有坑凹。

3. 测试方法

被测试者两脚自然分开站立，站在起跳线后，脚尖不得踩线（最好用线绳做起跳线）。两脚原地同时起跳，不得有垫步或连跳动作。每人试跳三次，记录其中成绩最好的一次。以厘米为单位，不计小数。

4. 注意事项

（1）发现犯规时，此次成绩无效；二次试跳均无成绩者，再跳直至取得成绩为止。

（2）被测试者可以赤足，但不得穿钉鞋、皮鞋、塑料凉鞋接受测试。

（六）坐位体前屈

1. 测试目的

测量学生在静止状态下的躯干、腰、髋等关节可能达到的活动幅度，主要反映这些部位的关节、韧带和肌肉的伸展性和弹性及学生身体柔韧素质的发展水平。

2. 场地器材

坐位体前屈测试计。

3. 测试方法

被测试者两腿伸直，两脚平蹬测试纵板坐在平地上，两脚分计10～15厘米，上体前屈，两臂伸直向前，用两手中指尖逐渐向前推动游标，直至不能前推为止。记录以厘米为单位，保留一位小数。测试两次，取最好成绩。

4. 注意事项

身体的屈、两臂向前推游标时，两腿不能弯曲。

（七）50米跑的测试

50米跑是国际上通用的测试项目，测试学生速度、灵敏素质及神经系统灵活性的发展水平。它既能部分反映身体运动的综合素质，也是人们从事体育活动，学习运动技能所必须具备的身体基本素质。

1. 测试目的

测试学生速度、灵敏素质及神经系统灵活性的发展水平。

2. 场地器材

50米直线跑道若干条，地面平坦，地质不限，跑道线要清晰。发令旗一面，口哨一个，秒表若干块（一道一表）。秒表使用前应用标准秒表校对，每分钟误差不得超过0.2秒。标准秒表的选定，以北京时间为准，每小时误差不超过0.3秒。

3. 测试方法

被测试者至少两人一组测试，站立起跑，被测试者听到“跑”的口令后开始起跑。发令员在发出口令的同时要摆动发令旗。计时员视旗动开表计时。被测试者躯干部到达终点线的垂直面停表。记录以秒为单位，精确到小数点后一位。小数点后第2位数按非“0”进1原则进位，如10.119读成10.2秒，并记录之。

4. 注意事项

（1）被测试者最好穿运动鞋或平底布鞋，赤足亦可，但不得穿钉鞋、皮鞋、塑料凉鞋。

（2）如有抢跑者，要当即召回重跑。

（3）如遇风时一律顺风跑。

（八）800米跑（女）或1000米跑（男）

1. 测试目的

测试学生耐力素质的发展水平，特别是心血管呼吸系统的机能及肌肉耐力。

2. 场地器材

400米、300米、200米田径场跑道，地质不限，也可使用其他不规则场地，但必须丈量准确，地面平坦。秒表若干块，使用前需要校正，要求同50米测试跑。

3. 测试方法

被测试者至少两人一组进行测试，站立式起跑。当听到“跑”的口令后开始起跑。当被测试者的躯干部到达终点线垂面时停表。

4. 注意事项

（1）被测试者不得穿皮鞋、凉鞋、钉鞋参加测试。

（2）对分、秒进行换算时要细心，防止差错。

（3）受测者在跑完后应继续走动，不要立刻停止，以免发生意外。

（九）跳绳

1. 测试目的

测试学生的下肢力量和身体协调能力。

2. 场地器材

地面平整、干净的场地一块，地质不限。主要测试器材包括秒表、发令哨、各种长度的跳绳若干条。

3. 测试方法

两人一组，一人测试，一人记数。被测试者将绳的长短调至适宜长度，听到开始信号后开始跳绳，动作规格为正摇双脚跳绳，每跳跃一次且摇绳一回环（一周围），计为一次。听到结束信号后停止，测试员报数并记录被测试者在1分钟内的跳绳次数。测试单位为次。

4. 注意事项

测试过程中跳绳绊脚。

（十）仰卧起坐

1. 测试目的

测试学生的腹肌耐力。

2. 场地器材

垫子若干块（或代用品），铺放平坦。

3. 测试方法

被测试者仰卧于垫上，两腿稍分开，屈膝呈 90 度角左右，两手指交叉贴于脑后。同伴压住其踝关节，以固定下肢。被测试者坐起时两肘触及或超过双膝为完成一次。仰卧时两肩胛必须触垫。测试人员发出“开始”口令的同时开表计时，记录 1 分钟内完成次数。1 分钟到时，被测试者虽已坐起但肘关节未达到双膝者不计该次数，精确到个位。

4. 注意事项

（1）如发现被测试者借用肘部撑垫或臀部起落的力量起坐时，该次数不计。

（2）测试过程中，观测人员应向被测试者报数。

（3）被测试者双脚必须放于垫上。

（十一）引体向上

1. 测试目的

测试学生的上肢肌肉力量和耐力的发展水平。

2. 场地器材

高单杠或高横杠，杠粗以手能握住为准。

3. 测试方法

被测试者跳起双手正握杠，两手与肩同宽成直臂悬垂。静止后，两臂同时用力引体不能有附加动作），上拉到下颌超过横杠上缘为完成一次。记录引体次数。

4. 注意事项

（1）被测试者应双手正握单杠，待身体静止后开始测试。

（2）引体向上时，身体不得做大的摆动，也不得借助其他附加动作撑起。

（3）两次引体向上的间隔时间超过 10 秒终止测试。

（十二）篮球运球

1. 测试目的

测试学生综合身体素质和篮球运球基本技能水平。

2. 场地器材

测试场地长 20 米，宽 7 米，起点线后 5 米处设置两列标志杆，标志杆距左右边线 3 米。各排标志杆相距 3 米，共 5 排杆，全长 20 米，并列的两杆间隔 1 米。测试器材包括秒表（使用前应进行校正，要求同 50 米跑）、发令哨、30 米卷尺、标志杆 10 根（杆高 1.2 米以上），篮球若干个。测试用球应符合国家标准。

3. 测试方法

被测试者在起点线后持球站立，听到出发口令后，按图中所示箭头方向单手运球依次过杆，每次过杆时需换手运球。发令员发令后开表计时，被测试者与球均返回起终点线时停表。每名被测试者测两次，记录其中成绩最好的一次。以秒为单位记录测试成绩，精确到小数点后 1 位，小数点后第 2 位数非“0”时进 1。

4. 注意事项

（1）测试中篮球脱手后，如球仍在测试场地内，被测试者可自行捡回，并在脱手处继续运球，不停表。

（2）测试过程中出现以下现象均属犯规行为，取消当次成绩：出发时抢跑、运球过程中双手同时触球、膝盖以下部位触球、漏绕标志杆、碰倒标志杆、人或球出测试区域、未按图示要求完成全程路线、通过终点时人球分离等。

（3）被测试者有两次测试机会，两次犯规无成绩者可再测，直至取得成绩。

（十三）排球垫球

1 测试目的

测试学生综合身体素质和排球基本技能水平。

2. 场地器材

在坚实、平坦的场地或排球场上进行，测试场地长 3 米，宽 3 米，测试器材为排球。测试用球应符合国家标准。

3. 测试方法

被测试者在规定的测试区域内原地将球抛起，个人连续正面双手垫球，要求手形正确，击球部位准确，达到规定的高度，球落地即为测试结束，按次计数。被测试者每次垫球应达到的高度，男生为 2.43 米，女生为 2.24 米。每名被测试者测试两次，记录其中成绩最好的一次。测试单位为次。

4. 注意事项

（1）测试过程中如出现以下现象均只作为调整，不计次数：采用传球等其他方式触球、测试区域之外触球、垫球高度不足等。

（2）为方便判定垫球高度，可将排球场的球网调整到相应的高度，或者在测试区域外相距 0.5 米处插两根标杆，标杆顶端用橡皮筋或标志线相连，将标杆调整到相应的高度，测试时通过比较垫球的高度和球网或标志线的高度进行判定。

（十四）足球运球

1. 测试目的

测试学生综合身体素质和足球运球基本技能水平。

2. 场地器材

在坚实、平整场地或足球场上进行，测试场地长 30 米，宽 5 米，各标杆间距 5 米，共设 5 根，标志杆距的侧边线各 5 米。测试器材包括足球若干个（测试用球应符合国家标准），秒表（使用前应进行校正，要求同 50 米跑），30 米卷尺，5 根标志杆。

3. 测试方法

被测试者站在起点线后准备，听到出发口令后开始向前运球依次过杆，被测试者和球均越过终点线即为结束。发令员发令后开始计时，被测试者与球均到达终点线时停表。每人跑两次，记录其中成绩最好的一次。以秒为单位记录测试成绩，精确到小数点后一位。小数点后第二位数非“0”时进 1。

4. 注意事项

（1）测试过程中出现以下现象均属犯规行为，取消当次成绩：出发时抢跑、漏绕标志杆、碰倒标志杆、故意手球、未按要求完成全程路线等。

（2）被测试者有两次测试机会，两次犯规无成绩者可再测，直至取得成绩。

第二章　体质健康与体育运动

第一节　体育运动对体质健康的作用

一、体育运动对呼吸系统的作用

（一）增强呼吸肌力，使肺通气量增加

运动时，由于运动肌肉对能量的需求剧增，机体对氧气的需求也相应增加，即需氧量与运动强度、运动时间成正比。而机体为了尽力满足肌肉运动的氧需求，会充分利用呼吸肌的潜力，使之发挥最大功能，力争吸入尽可能多的氧气。长此以往呼吸肌会得到更好的锻炼。

（二）增加呼吸肌活动幅度来增大肺容量

1. 肺活量

肺活量是指全力吸气后又尽力呼出的气量。它是反映通气机能尤其是通气容量最重要的指标之一，与呼吸肌力量、胸廓弹性等因素直接有关。成年男子正常值为 3000 ～ 4000 毫升，女子为 2500 ～ 3500 毫升，运动员尤其是耐力运动员明显增加，优秀游泳选手最高可达 7000 毫升左右。

2. 最大通气量

最大通气量是指单位时间内（1分钟）进行尽可能的呼吸时进出肺的气量，一般人为180升左右，这是测量通气功能最重要的指标之一。有训练者的呼吸肌力量大，肺容量大，所以，呼吸深度较大，而且，由于呼吸肌力量及耐力较好，所以呼吸频率也高，故有训练者最大通气量明显高于常人，可达250～300升/分钟。

二、体育运动对心血管系统的作用

人体细胞的生存并发挥作用，需要足够的营养物质供应。同时在细胞代谢中所产生的代谢产物（废物）能够被及时地运走并清除出体内，这一切均依赖于心血管系统来完成。心血管系统是由心脏、动脉、毛细血管和静脉血管组成的密封管道。心脏是血液循环的动力，血管主要充当血液运输的管道系统；血液充当运输的载体。在心脏“泵”的推动作用下，沿着血管周而复始地运行，将细胞所需物质带来，运走代谢产物。由此可见，血液循环系统对于生命有重要的意义。

（一）体育运动对心脏功能的作用

1. 心脏增大

一般人心脏重量约300克，运动员的可达400～500克。心肌纤维增粗，其内所含蛋白质增多。心肌毛细血管口径变大，数量增多，供血量相应加大，为适应运动，心脏出现心脏功能性增大。

2. 心脏的容量和每搏输出量增加

一般人的心脏容量约为765～785毫升，而运动员可达1015～l027毫升，由于心脏肌纤维变粗，心壁增厚，收缩力增强，故每搏动一次供出量也明显增加，一般人安静时为50～70毫升，而运动员可达130～140毫升，同时也提高了心脏的储备力量。

（二）体育运动对血管的作用

（1)可以使动脉管壁的中膜增厚，弹性纤维增多，使血管的运血功能加强。

（2）改善毛细血管在器官内的分布和数量。

三、体育运动对神经系统的作用

（一）促进神经系统的发育

科学实验也证明，加强婴儿右手的屈伸训练，可加速大脑左半球语言区的成熟，加强左手的屈伸训练，则可加速大脑右半球语言区的成熟。科学家还发现，一个以右手劳动为主的成年人，其大脑左半球的语言机能占优势，体积也是左侧比右侧大。这些科学实验表明，身体锻炼对神经系统的发育和完善有着非常重要的意义。

（二）提高神经系统的灵活性

体育运动丰富了神经细胞突触中传递神经冲动的介质，并在传递神经冲动时引起较多介质的释放，缩短神经冲动在突触延搁的时间，加快突触的传递过程，从而提高神经的灵活性。

（三）改善和提高中枢神经系统的工作能力

大脑是人体的最高指挥部，人体一切活动的指令，都是由大脑发出的。大脑的重量虽只占人体的 2%，但是它需要的氧气却要由心脏总流出血量的 20% 来供应，比肌肉工作时所需血液多 15 ～ 20 倍。进行体育运动，可以改善大脑供血、供氧情况，可以促使大脑皮层兴奋性增加。抑制加深，兴奋和抑制更加集中，神经过程的均衡性和灵活性加强，对体外刺激的反应更加迅速、准确，大脑分析、综合能力加强，整个有机体的工作能力提高。

四、体育运动对运动系统的作用

运动系统的主要功能是使人体运动。它由骨骼、骨连节（关节）和肌肉三部分组成，在神经系统的支配下，肌肉收缩牵动骨骼产生各种运动，这种运动是以骨骼为杠杆，关节为枢纽，肌肉为动力来实现的。

（一）骨骼肌

任何身体活动都表现为肌肉的运动，所以，肌肉系统必然是受体育运动影响变化最深刻的器官之一。骨骼肌在人体中分布极为广泛，全身有肌肉400～600块，成年人骨骼肌占人体体重的40%（女性35%）左右，不同年龄、性别的骨骼肌占人体体重的比例不同。

体育运动对骨骼肌形态结构的作用：

（1）肌肉体积增大。大多数人认为肌肉体积增大是因为肌纤维增粗的结果，力量练习可使肌纤维最大限度地增粗，而耐力性练习如中长跑、骑自行车等项目对肌肉的肌纤维增粗并不明显。

（2）肌纤维中线粒体增多，体积增大。线粒体是供能中心。

（3）肌肉中脂肪减少。在活动不多的情况下，骨骼肌表面和肌纤维之间有脂肪堆积，影响了肌肉的收缩效率，通过体育运动，特别是耐力性项目（长跑），可以减少肌肉的脂肪，提高肌肉的收缩效率。

（4）肌肉内结缔组织增多，使肌腱和韧带中的细胞增殖而变得结实粗大，从而抗拉断能力增高。

（5）肌肉内的化学成分发生变化，如肌肉中肌糖原、肌球蛋白、水分等都会增加。物质的增多提高了肌肉的收缩能力，及时供给肌肉能量。

（6）肌肉中毛细血管增多，体力运动可使肌肉毛细血管数量和形态都有所改变，提高了肌肉的工作能力。

（二）骨骼

长期坚持体育锻炼，可使骨密质增厚、骨变粗、骨小梁排列更加整齐、有规律，使骨变得更加粗壮和坚固；在抗折、抗弯、抗压缩和抗扭转方面的性能都有了提高。

体育运动的项目不同，对各部分骨骼的影响也不同。经常从事下肢活动的跑跳运动，对下肢骨骼的影响较大，而经常从事举重运动，对上肢和下肢的骨骼影响较大。

体育锻炼可以使关节面骨密质增厚，从而能承受更大的负荷；体育锻炼增强了关节周围肌肉力量，使肌腰和韧带增粗，关节面软骨增厚，加大了关节的稳固性，增加了关节的运动幅度。在体育运动停止后，骨骼所获得的变化慢慢消失，因此，体育锻炼应经常化，项目要多样化。

五、体育运动对免疫机能的作用

（一）改善免疫机能

免疫机能是体质的代表性指标。运动能够增强体质，不仅指身体运动能力的提高，还包含着免疫机能的增强，因此，人类才能抵抗与适应不断恶劣的外界环境。

运动有益于健康已成为人们的共识，研究也已发现经常参加体育运动可以增强抵抗力，降低心血管疾病的风险，并提高生命的数量及质量。但研究发现运动员过度训练与频繁比赛，抵抗力会下降，更易感染疾病。因此，传统的生命在于运动就要变为生命在于科学运动。通过运动锻炼，机体遇到刺激后机体免疫功能为维持机体内环境稳定，其动员速度快。因此反应快，可使免疫调节因素得到明显改善。

（二）提高机体对外界环境的适应能力

适应能力是指人体在适应外界环境中所表现的机体能力。它包括对外界环境的适应能力和对疾病的抵抗力。长期在各种气候和环境，如严寒、酷暑、风雨霜雪或空气稀薄等条件下进行锻炼，能改善有机体体温调节的机能。

（三）可以预防疾病、延缓衰老、延长寿命

每个人都要经历从出生、生长发育发展到衰老、死亡这个过程，这是生命的规律，任何人都无法违抗这种生命规律，但是一个人体质的好坏，衰老的快慢却是可以控制的。

心肺功能的强弱，关系到寿命的长短。心血管系统担负着运输营养物质的任务，增强心肺功能对推迟人体各器官系统的衰老有特殊的意义。

身体锻炼还可延缓神经系统的衰老过程。经过长期的身体锻炼，可提高神经系统兴奋与抑制的调节能力，身体锻炼还通过肌肉活动来调节大脑皮层功能，减缓脑动脉硬化过程，保持正常的脑血液循环，使脑脉中的氧气含量升高，改善脑细胞氧气和营养供应，延缓中枢神经细胞的衰老过程，提高中枢神经的工作能力。美国斯坦福大学医疗中心的专家对身体锻炼者的调查发现，身体锻炼可以使人在年龄较大的时候保持头脑清醒，思维敏捷。

第二节　体育锻炼的基本原则与方法

一、体育锻炼的基本原则

（一）目的性原则

目的性原则，是指运用宣传和其他手段，动员锻炼者在充分理解身体锻

炼目的、意义的基础上，自愿、主动、积极地进行身体锻炼活动。

健身锻炼是一种自愿行为，明确目的和主动积极是参加并坚持身体锻炼的首要条件。健身锻炼是现代人的一种有目的、有意识的活动，自始至终都要受一定目的所支配。虽然，与体育领域其他活动相比较，健身锻炼不像竞技体育那样把优异成绩作为主导目标，不像体育教学那样有着较为恒久的教学目标，然而就人类总体而言，健身锻炼则是为了谋求人类自身的健康完善和身体潜能的开发。关于运动健身的目的性原则，其基本要求如下：

1. 提高国民整体体育意识，强化体育价值观念

研究认为，推动人们的体育生活方式有赖于人们体育意识和价值观念的确立，而后者又依靠于两个重要的前提条件，即人们对身体重要性的认识和对体育的作用的认识。我国体育人口的数量不足，参加体育活动的积极性不高，一个重要原因还在于人民群众的体育意识和体育价值观念不强，这是我国推动全民健身运动必须注意克服的。

2. 发展兴趣，形成习惯

身体锻炼的积极性首先来自正确的目的和动机，同时，对体育运动本身的兴趣也是极其重要的。在指导人们锻炼身体时，一方面，要使锻炼活动丰富多彩，把广大群众引导到体育锻炼中来。另一方面，要加强锻炼的目的性教育，着力培养人们对体育的兴趣，要把已有的体育兴趣强化到更高的程度。只有把身体锻炼纳入个人活动计划，形成生活的一部分，身体锻炼才能持之以恒。

3. 强化动机，明确目的

动机是促使行为发生的内在力量。人的一切行为总是从一定的动机出发，而动机的产生则是为了满足人们的各种需要，同时，使自己的一切行为向着目标前进。要强化身体锻炼的目的动机，首先要认真分析引起锻炼者个体动机的各种需要，加以因势利导。同时，要把明确目的与树立正确的人生观联系起来。只有树立积极进取、健康向上的人生观，才会找寻各种途径不断地

充实自己，锻炼身体才会真正成为生活的内容之一。

（二）全面锻炼原则

全面锻炼身体原则是指通过体育锻炼使身体形态、机能、身体素质和心理品质都得到全面而和谐的发展。人体是一个由各种组织、器官和系统所构成的有机整体。各个器官系统虽有相对的独立性，但它们之间又相互影响、相互制约，都是按照“用进废退”的规律发展。如果体育锻炼不注意对身体各部位各系统的全面发展和促进，就会造成身体发展的不均衡和不协调。比如，爱好踢足球的人如果不注意发展上肢力量，就会下肢粗壮而上肢单薄；从事长跑的人，如果不注意发展四肢力量，虽然心肺系统的功能大大提高，但力量较差。

1. 全面发展

身心的全面发展，要从适应环境，抵抗疾病的能力上改善机体形态，提高机能的功效；陶冶精神，愉悦心理，丰富文化生活等方面着眼。所以，在体育锻炼的内容和手段上要多样化。

2. 灵活变动

体育锻炼要针对个体的实际，有选择地从事简单易行、富有实效的锻炼。在一定年龄、一定的季节，应有适当地调整，选择项目要有所侧重，针对自身的薄弱部位进行锻炼，促进身体各个部位和各种素质的全面提高。

3. 有所侧重

全面发展身体不等于没有重点的平衡发展，而要根据本职业或未来工作的特点要求，首先锻炼和发展那些各自职业最需要的部位和素质以及在工作过程中活动最少的部位。例如，伏案久坐的脑力劳动者，则应进行提高心肺系统功能和中枢神经系统调节能力的体育锻炼。

人体是一个有机的统一体，各个器官和系统的机能都是相互联系和相互影响的。因此，体育锻炼选择的练习内容和方法应力求全面影响身体，使各种身体素质和身体各器官系统的机能得到全面发展。练习内容和练习手段的选择不能过于单一，因为每种练习内容或练习手段对身体的影响都具有局限性，练习内容和练习手段应多样、丰富，应避免长期局限于只锻炼身体某部位只发展某种身体素质的练习。在锻炼中可以以某一项为主，辅以其他锻炼内容。如健美爱好者应在进行肌肉力量练习的同时，可增加一些发展有氧耐力和柔韧素质的练习，使身体得到全面的锻炼。

（三）持之以恒原则

运动锻炼必须持之以恒，使之成为日常生活中的重要内容。运动技术的形成和提高，人体各组织系统机能的改善，是肌肉活动反复多次强化的结果。锻炼不经常，后一次锻炼时，前次锻炼的痕迹已经消失，失去了累积性的影响作用，因此效果也就很小，甚至不起作用。同时，运动技能的形成，人体结构、机能的改善，身体素质提高，都受着生物界“用进废退”规律的制约。不经常锻炼，已取得的效果也会逐渐消退。

运动锻炼的直接作用是促进体内异化作用的加强，继而获得同化作用的加强，加快体内物质的合成，从而使机体内部的物质得到补充、积累与增加。这个变化过程的首要条件，在于保持体育锻炼的时间、强度、次数的连续性和衔接性，如果间隔过长，中断过久，已经获得的效果就会消退甚至消失。

锻炼身体要有连续性和系统性，只有经常参加体育锻炼，安排适合自己兴趣、爱好的运动项目，科学地制定健身计划，才能不断有效地增强体质。科学实验表明：不经常参加体育锻炼或中断体育锻炼的人，会使原有的身体机能、素质和运动技术水平明显的下降。中断锻炼身体时间越长，消失越明显。

掌握一项运动技术也需要持之以恒。人的大脑中有大量的神经突触，必须通过固定形式的重复练习对这些突触连续进行某种刺激，才能在大脑中形成一整套固定形式的反应，即动力定型。动力定型建立后，运动者就能习惯性地、熟练地完成一整套练习。如果不能坚持练习，已形成的条件反射就不能及时得到强化而慢慢消退，动作记忆就不牢固。

1. 合理安排锻炼间隔

运动锻炼的效果并非一劳永逸，如果锻炼间隔时间过长，锻炼的效果就不明显。因此，每次锻炼的间隔安排要合理，要有长期计划、短期安排，计划安排要根据身体适应运动负荷的能力。一般情况下，轻微的运动安排间隔时间短；强度大的运动安排的次数可少些，间隔时间稍长。

2. 锻炼要持之以恒

人体结构与机能水平的提高，运动技能的形成与巩固，身体各项素质的发展，都是通过身体各部位的肌肉进行反复多次的强化练习而实现的。也就是说每一次体育锻炼都会引起肌肉和内脏器官产生一定的适应性变化，而在大脑皮层里留下一个痕迹。这个痕迹一般 2 ～ 3 天就会消失。如果断断续续进行体育锻炼，前一次运动的效果已经消失，体育锻炼所产生的作用就很难再积累起来，对增强体质、增进健康的作用不大，也不可能取得明显的锻炼效果。因此，只有坚持经常体育锻炼，人体结构和机能、身体素质和运动技能才能日趋完善，基本活动能力和运动技术水平才能不断提高。

（四）循序渐进原则

循序渐进原则是指锻炼者要按照事先制定的锻炼计划，经常地、持之以恒地从事身体锻炼，锻炼的内容、形式要由简到繁、由易到难，运动负荷要由小到大。

在健身锻炼中，人的运动过程，是一个从不适应向适应转化的过程。初次进行锻炼，哪怕负荷不大，也会产生强烈的反应，可称为不适应。而通过长期的相同的负荷锻炼，机体就会逐渐适应，称为“持续性适应”。当机体出现持续性适应后，如果不增加练习负荷，机体对该负荷的反应就会逐渐降低直到不明显，即出现“习惯性负荷”效应，身体锻炼的效果也会逐渐降低或不明显。所以，要想持续而稳定的获得身体锻炼的良好效果，就要适时、适度的增加运动负荷，必须坚持循序渐进的原则。

1. 逐步养成锻炼习惯，实行分段锻炼计划

养成锻炼习惯是循序渐进的基础。有规律的身体锻炼，可使身体形成较为稳定的生物节奏。良好的生物节奏，可保证每一次锻炼对身体产生良好的效果，并为下一次锻炼提供基础。

2. 要不断更新和完善锻炼内容和方法

健身锻炼的动作，属于运动性条件反射，反复练习对巩固动作技术是有好处的，但简单重复的动作又较为枯燥。健身锻炼需要新异刺激，锻炼内容要丰富多样，锻炼方法也要不断推陈出新，形成不断更新和完善的动态锻炼系统。

3. 做好充足的准备活动

锻炼开始时，要重视准备活动，尤其一些缺乏体育锻炼基础的人，或中断体育锻炼很久的人，不要参加激烈的运动项目；在运动结束后，要做好放松整理活动。

（五）合理安排运动负荷原则

合理安排运动负荷的原则就是在体育锻炼的过程中要合理地安排运动的量、强度、次数和时间等。要保证运动负荷能对机体产生足够的刺激，同时也要保证锻炼的刺激强度在机体的承受范围之内。

1. 安排适宜的运动量、强度、次数和时间

运动量、强度、次数和时间决定了运动负荷的大小。控制运动强度的简单操作方法是采用测量运动中的心率，有氧运动的心率一般控制在 180 与年龄的差值左右。锻炼的时间要根据运动强度来确定，一般运动 5 分钟以上都属于有效时间，若时间允许，可控制在半小时至一小时范围内。

2. 安排合理的休息

在锻炼的过程中要注意练习与休息的交替进行，在锻炼结束后也要安排

合理的休息时间，以便得到有效的锻炼效果，同时也要注意选择有效的休息方式。

3. 控制疲劳的程度

运动后产生疲劳是必然的。但是为了迅速地取得锻炼效果而盲目地增加运动负荷、运动时间或运动频率，会产生过度疲劳，这对增进健康反而会有负面的影响。一旦产生过度疲劳，必须马上停止锻炼，并进行积极的恢复治疗，过度疲劳恢复后方可继续参加锻炼。

（六）个体差异性原则

个体差异性原则是指进行体育锻炼时，必须根据锻炼者的年龄、性别、身体素质、锻炼基础等各方面特点，设计出适合每个人特点的个体化锻炼方案。也就是说，整个锻炼过程必须依据锻炼者的特点进行安排，使身体获得最大的锻炼效果。

在体育锻炼中经常有这样一个误区：盲目照搬他人以及媒体中成功锻炼的案例，不加以分析和修改就实施。这种锻炼方式不仅效果不明显，有时还可能对人体造成一定的伤害，从而降低锻炼热情。认真分析个体的情况，精心地制定出最适合个体发展的锻炼计划，才能使个体得到最佳的锻炼效果。

1. 不同个体适应运动负荷能力的差异

不同年龄的个体在运动负荷适应性方面是有差异的。例如，少年儿童与成年人在解剖结构、身体形态、机能能力以及心理成熟度方面的差异，决定了他们对运动负荷承受能力的差异。少年儿童难以承受较大的锻炼强度和较长的时间。他们产生疲劳快，但恢复也快。

同等年龄层次的不同运动员个体，在锻炼负荷适应性方面也存在个体差异。因此，在练习中必须充分考虑个体特点及发展需求，有的放矢地安排练习内容。

2. 不同性别适应运动负荷能力的差异

男性与女性无论从身体形态、解剖结构及身体机能方面，均有极大的差异，这就需要我们充分了解男性与女性的解剖、生理与心理特点，按照各自的性别特点安排锻炼。就女生而言，在锻炼安排上尤其要注意女性特有的生理现象——月经周期。在一般体育教学情况下，女生处于月经期时，应尽量注意不下水，不做腹压较大的跳跃性练习等。

3. 不同生理机能状态适应运动负荷能力的差异

同一个体处于不同机能状态时，如在体能下降、生病、睡眠不足、受伤和营养不良等情况下，对运动负荷的适应能力也会下降。所以，在练习时必须及时发现自己的机能变化情况，并及时采取适当的个体化处理方案。上述体育锻炼应遵循的几项原则，是互相联系、互相制约的，只有科学地、有目的地、全面地贯彻这些原则，才能不断增强体质，取得预期效果。

二、体育锻炼的锻炼方法

体育锻炼方法是根据人体发展规律，运用各种身体练习和自然因素来发展身体的途径和方式。在运用过程中，应从实际出发，灵活应用，要注意它们可以相互补充，交替结合，但应有主次。

（一）重复锻炼法

重复锻炼法是指根据锻炼者的需要，在相对固定的条件下反复进行练习的方法。这种方法的特点是练习条件固定和反复进行，对于间歇时间没有严格的规定。它的主要作用在于通过反复练习达到锻炼身体、发展体能、培养意志品质等方面的目的。重复锻炼法在不改变动作结构和运动量的情况下，按照一定要求进行反复练习。所谓不改变动作结构，就是说锻炼时始终采用特定的动作，如在跑步时不要时而跑时而走。匀速慢跑和连续打几遍太极拳就是用重复法来锻炼的。

（二）间歇锻炼法

人们认为体质增强的过程是在运动中实现的，而其实体质内部增强过程主要是在间歇中实现的，是在休息过程中取得了超量恢复。若是离开在休息中取得超量恢复，则运动就变成对增强体质起不了作用。间歇对增强体质的作用并不亚于运动本身。自古以来就有以静炼身的经验，在现代科学的基础上，人类更清楚地认识到在间歇时间内有机体的各种变化，认识了保持同化优势的重要性。所以，间歇也是一种健身的基本方法。

与重复锻炼法一样，间歇的时间也要依据负荷的有效价值标准去调节。一般说来，当负荷反应（心率）指标低于有效价值标准时，应缩短间歇时间；而在高于价值标准时，则可延长间歇时间。通过适当的间歇，把负荷量调节到负荷有效价值范围，以追求良好的锻炼效果。在实践中，一般心率在 130 次每分钟左右时，就应再次开始锻炼。间歇时，不要做静止休息，而应边活动边休息，如慢速走步，放松手脚、伸伸腰腿或做深而慢的呼吸等。这是因为轻微活动可使肌肉对血管起到按摩作用，帮助血液流回和排除代谢所产生的废物。

（三）连续锻炼法

在锻炼的过程中，为了保持有价值的负荷量而不间断地进行运动的方法叫连续锻炼法。此方法要求负荷强度较低、负荷时间较长、无间断地进行运动。从增强体质出发，需要间歇就停一会儿，需要连续就接二连三地进行下去，所以不能仅讲究间歇，还要讲究连续。连续、间歇、重复都是在整个锻炼过程中实现的。连续、间歇、重复等各因素各有其独特的作用，连续的作用在于持续保持负荷量不下降，维持在一定的水平上，使身体充分地受到运动的作用。

连续锻炼时间的长短，同样要根据负荷价值有效范围而确定，通常认为在 140 次每分左右的心率下连续锻炼 20 ～ 30 分钟可使机体的各个部位都长时间地获得充分的血液和氧的供应，因而能有效地发展有氧代谢能力，发展耐力素质。

（四）循环锻炼法

循环锻炼法由几个不同的练习点组成。当一个点上的练习已经完成，练习者就迅速转移到下一个点，下一个练习者依次跟上。练习者完成了各个点上的练习，就算完成了一次循环。循环练习法对技术的要求不高，且各项目都采用比较轻度的负荷练习，所以练起来既简单有趣，又可获得综合锻炼，达到全面发展的良好效果。

（五）变换锻炼法

变换锻炼法是指根据锻炼任务的需要，在变换的条件下进行锻炼的方法。它的主要特点是改变练习对机体所起作用的某些因素。根据这一特点，在安排变换时，一定要了解变换的练习对机体部位所起的作用。身体锻炼中常采用的变换形式有：改变练习的负荷、内容、环境、条件、组合和各种要素。

练习条件和运动负荷的不断变换，对提高中枢神经系统的调节机能和身体各器官系统相互间的协调能力，提高人体对不断变换的练习内容、环境、条件和运动负荷的适应能力以及锻炼的积极性都有较好的作用。

（六）游戏锻炼法

游戏锻炼法是指采用游戏的形式进行锻炼身体的方法，目的在于提高兴奋性，激发学生对运动的兴趣。在嬉笑娱乐的游戏中锻炼身体、愉悦身心，有助于减轻学生的学习压力，释放激情。这种锻炼方法运动量可以根据锻炼者的实际情况而有所不同。

（七）竞赛锻炼法

竞赛锻炼法是指在近似、模拟或真实、严格的比赛条件下，按比赛的规则和方式进行的锻炼方法，它是根据人类先天的竞争和表现意识、竞技能力形成过程的基本规律和适应原理、现代运动比赛规则等因素而提出的一种锻炼法。

在竞赛的条件下，可提高锻炼者锻炼的积极性。练习者在比赛中能相互交流经验，有助于全面地提高战术水平。此外，竞赛锻炼法还可以提高锻炼者的心理承受能力，培养意志品质，形成积极的、拼搏的、良好的生活态度。

第三节　体育锻炼中常见的生理反应及处理

体育锻炼中出现的异样身体感觉有的是正常现象，有的则属于运动性病理状态。它们往往是由准备活动不充分、运动方法不正确、锻炼水平不高或运动负荷超出机体承受能力等原因所致。由于这种现象具有突发性特点，因此有必要运用医学知识，甚至采取力所能及的医疗手段进行自我诊断并及时加以处理，以避免不必要的精神紧张或防止更严重的身体损伤现象。

一、岔气

（一）原因和症状

“岔气”又称急性胸肋痛。造成“岔气”的原因是剧烈活动之前，准备活动不够或未做准备活动。剧烈活动时肌肉进入紧张状态，而内脏器官惰性大，不能马上活动起来，以满足肌肉活动时所需要的养料和氧气，使呼吸肌紧张而痉挛；或是在身体活动需氧量加大时，呼吸不得法，只是加快呼吸频率而呼吸表浅，也能引起呼吸肌的紧张导致痉挛。还有可能是长期没有参加体育活动或天气过冷，大量出汗，使体内氯化钠含量过低，从而引起“岔气”。“岔气”时，呼吸肌痉挛刺激呼吸肌里的感受器而产生疼痛。人体最主要的呼吸肌是肋间肌和膈肌，当肋间肌痉挛时，胸部两侧就会发痛。当膈肌痉挛时，疼痛就会发生在左、右肋下。

（二）处理与预防

1. 处理

（1）改变表浅呼吸，加深呼吸，呼气慢而深，用力向外呼气，这样可以吸进大量空气，满足运动时氧的需要，使呼吸肌放松下来，消除疼痛。

（2）调整呼吸节奏，把呼吸节奏与跑步频率配合起来，做到两步一呼一吸或三步一呼一吸。

（3）若用以上办法疼痛还不能消除，可做深呼吸憋气，用力击打胸腔两侧或肋下疼痛处，然后做缓慢深长呼吸，重复几次可使呼吸肌逐渐放松，痉挛缓解。

2. 预防

剧烈活动之前，做好准备活动，使呼吸肌逐渐适应较快频率的收缩，不致引起痉挛。冷天锻炼尽量用鼻子呼吸，若用口呼吸时，要半张口，让冷空气从牙缝中进入口腔，防止冷空气过分刺激。

二、肌肉酸痛

（一）原因和症状

运动后的肌肉酸痛原因是运动时肌肉活动量大，引起局部肌纤维及结缔组织的细微损伤，以及部分肌纤维的痉挛所致。这种酸痛不是发生在运动结束后即刻，而是发生在运动结束后1～2天以后，因此，也称为延迟性疼痛。由于这种酸痛现象只是局部有纤维损伤和痉挛，不影响整块肌肉的运动功能，所以，酸痛后经过肌肉内部对细微损伤的修复，肌肉组织会变得更加强壮，以后同样负荷将不易再发生酸痛。

（二）处理和预防

1. 处理

当已经出现肌肉酸痛后，可采用以下几种方法减轻和缓解：

（1）热敷。对酸痛的局部肌肉进行热敷，促进血液循环及代谢过程，有助于损伤组织的修复及痉挛的缓解。

（2）伸展练习。对酸痛局部进行静力牵张练习，保持伸展状态 2 分钟，休息 1 分钟，重复进行，有助缓解痉挛。

（3）按摩。按摩使肌肉放松，促进血液循环，缓解肌肉痉挛和损伤修复。

（4）口服维生素 C。维生素 C 可促进结缔组织中的胶原合成，有助于损伤的结缔组织的修复。

2. 预防

锻炼时，应根据自身的身体状况安排锻炼负荷，尽量避免局部肌肉负担过重；锻炼时，充分做好运动前的准备活动和运动后的整理活动。

三、肌肉痉挛

（一）原因和症状

如在冷水等环境锻炼时，若准备运动不足，身体突然受到寒冷的刺激，通过神经系统作用于肌肉，使肌肉兴奋度增高，造成肌肉强制性收缩而引起肌肉痉挛。

运动时大量出汗，特别是长时间进行剧烈运动或在高温环境下进行运动，或因运动员急剧降体重，使体内大量电解解质从汗液中流失、造成体内电解质平衡失调而引起肌肉痉挛。

在紧张激烈的训练和比赛中、小于肌肉过快地连续收缩，使肌肉放松不够，或肌肉突然剧烈地收缩，均可使肌肉收缩和放松的协调交替关系遭到破坏，引起肌肉痉挛。这种情况多见于短跑和自行车项目的运动新手或训练水平不高的运动员。或运动小，肌肉有反复微细损伤，引起保护性强直收缩。肌肉痉挛常发生在运动中或睡觉时。痉挛的肌肉僵硬，疼痛难忍，所涉及的关节暂时屈伸功能受限，痉挛缓解后，局部仍有酸痛不适感。

（二）处理和预防

1. 处理

解除肌肉痉挛可采用牵引痉挛肌肉的方法。例如，小腿腓肠肌痉挛时，让患者取仰卧位或坐位，膝关节伸直，牵引者双手握住患者足部，将患者足踝关行缓慢地背伸。牵引时切忌用力过猛，以免造成肌肉拉伤。此外，还可配合局部按摩（如用揉、捏揉、按压）、点穴或针刺（承山、委中、阿是穴等）。

针刺时，最好采用斜刺，并顺着肌纤维走向，这样肌肉痉挛就可得以缓解。游泳时发生肌肉痉挛，不要惊慌，如果自己无法处理或缓解，要立即呼救。痉挛缓解后，应慢慢游到岸边，以免再次发生痉挛；肌肉痉挛缓解后，不宜继续运动，应针对原因进行治疗。

2. 预防

加强体育锻炼，提高身体对寒冷的适应能力。运动前必须充分做好准备活动，对容易发生痉挛的肌肉，运动前适当按摩。夏季运动出汗过多时。要及时补充水、盐和维生素 B1。游泳下水前，应用冷水淋湿全身，使肌体对冷水的刺激有所适应；水温较低时，游泳时间不宜太长。冬季运动要注意保暖，疲劳时不要进行剧烈运动，如果经常发生肌肉痉挛，也许与缺钙有关，可考虑适当补充钙。

四、运动性贫血

贫血是指外周血液中血红蛋白含量和纤细胞数低于正常范围。健康成年男子血红蛋白低于 120 ～ 125 克 / 升，女子血红蛋白低于 105 ～ 115 克 / 升时，可诊断为贫血。

（一）原因和症状

运动（尤其耐力性训练）后，可引起血浆容量增加，血细胞比容降低，由于血容量增加大于血红蛋白总量的增加，这样就出现相对的血液稀释状态，表现为血红蛋白浓度降低而出现贫血。

剧烈运动时由于体温升高，肌肉极度收缩、挤压或拉伸，使红细胞的抵抗力减弱。另外，剧烈运动时，血液循环加快，使红细胞相互间或红细胞与血管壁之间撞击、摩擦增加，从而造成红细胞破坏增多，红细胞的生成和破坏之间的平衡遭到破坏，导致贫血。

血红蛋白合成时，肌体需要获得足够的铁质、蛋白质、维生素 B12 和叶酸。运功训练时，新陈代谢旺盛，能量消耗增加，肌肉的增长使蛋白质的需要增加，此时，如果运动员摄入蛋白质不足，就会引起运动性贫血。同时运动中大量出汗，铁随汗液大量流失，运动员在膳食中如果没有补充足够的铁和蛋白质，肌体就会因造血物质缺乏，使红细胞生成减少，导致贫血。轻度贫血患者在安静时和进行中小运动负荷运动时，一般不会出现症状。中度和较重贫血时，由于血红蛋白明显降低，影响运氧能力，这时肌体会出现一系列症状，如头晕、眼花、头痛、乏力、疲倦、食欲缺乏、恶心或便秘。在运动中或运动后出现心悸、气促、心跳加快，运动能力和运动成绩下降。女运动员还会出现月经紊乱（周期缩短或经量过多）甚至闭经。

（二）处理和预防

1. 处理

合理安排运动训练，必要时暂停正常训练。当男运动员的血红蛋白浓度为 100 ～ 120 克 / 升、女运动员为 90 ～ 110 克 / 升时，可边练边治，但要减小训练强度，避免耐力性运动。如果男子血红蛋白浓度低于 100 克 / 升、女子低于90克/升时,应停止大中强度训练,以治疗为主,待血红蛋白浓度上升后,再逐步恢复训练的强度。对严重贫血者应以休息和治疗为主。膳食中应供给含铁质、蛋白质和维生素较丰富的食物,并服抗贫血药物（加硫酸亚铁、血宝、力勃隆、富马酸亚铁、生血I号和复血片等）以缓解贫血。在口服铁制剂时,宜在进餐时或饭后吞服,以减少药物对胃肠道的刺激。

2. 预防

合理安排运动负荷和运动强度，注意平衡膳食，适当增加含铁质、蛋白质和维生素C丰富的食物，合理安排作息制度和膳食制度，克服偏食、挑食和爱吃零食等不良习惯。适当加强运动员中贫血易感人群（如大运动负荷训练者、减体重者、月经量过多者、儿童少年运动员和耐力运动员）的营养，并定期测定血清铁蛋白（每年至少1～2次）和血红蛋白浓度，尽量做到早发现，早治疗。

五、运动性晕厥

（一）原因和症状

在运动中，由于脑部突然血液供给不足而发生的一时性知觉丧失现象，叫运动性昏厥。其原因是剧烈运动或长时间运动，使大量血液积聚在下肢，回心血量减少所致，也和剧烈运动后引起的低血糖有关。运动性昏厥表现为全身无力、头昏耳鸣、眼前发黑、面色苍白、失去知觉、突然昏倒、手足发凉、脉搏慢而弱、血压降低、呼吸缓慢等。

（二）处理和预防

1. 处理

应立即使患者平卧，足略高于头部，并进行由小腿向大腿和心脏方向按摩或拍击。同时用手指点压人中、合谷等穴位。如有呕吐，应将患者头偏向一侧。如停止呼吸，应立即进行人工呼吸。轻度休克者，应由同伴搀扶慢慢走一段时间，帮助进行深呼吸，即可消失症状。

2. 预防

平时要经常坚持体育锻炼，以增强体质；久蹲后不要突然起立；不要带病参加剧烈运动；疾跑后不要立即停下来；不要在饥饿情况下参加剧烈运动。只要遵循上述要求，运动性晕厥是可以避免的。

六、运动性血尿

（一）原因和症状

运动性血尿的发生原因和机理还未完全清楚。多数学者认为其发生原因主要与下列因素有关。

1. 负荷量和训练强度

运动性血尿的发生与身体负荷量和（或）训练强度的加大、过快有直接关系。所以运动性血尿多见于运动新手突然加大负荷量、训练强度后以及运动比赛季节和冬训开始阶段。对诱发运动性血尿来说，训练强度过大比运动持续时间过长更为重要。身体局部负担过大，如腰部动作过多、跳跃训练（蛙跳、蹲跳、向上跳、单足跳等）量过大和大强度的长跑是运动性血尿的重要诱因。

2. 外伤

运动时肾脏受打击、挤压或牵扯都可造成肾组织或血管的微细外伤。这时出现血尿较多见。膀胱壁外伤假说仅适用于发生运动性血尿的部分运动员身上。这一说法完全不适用于女子，因为她们的膀胱是与男子不同的。

3. 身体适应能力

有时运动员完成的负荷量并不大，但因身体适应能力下降，完成原先的负荷量后就易诱发血尿，所以有的学者强调，运动性血尿可能为运动员发生过度训练的一个症状。

4. 肾血管收缩造成的缺血

运动时全身血液的重新分配，肾上腺素和去甲肾上腺素分泌量的增多，造成肾血流量减少，肾血管收缩，发生肾脏部位的缺血、缺氧和血管壁的营养障碍，出现红细胞外溢，形成运动性血尿。

5. 肾脏位置的下移

长跑运动员由于肾周围脂肪较少，在直立位下连续长时间的蹬地动作，使肾脏的位置下移，肾静脉与下腔静脉之间的角度变锐，可发生两静脉交叉处的扭曲，引起肾静脉压增加，造成红细胞漏出，出现运动性血尿。当运动员跳跃较多时，尤其是在踏跳力量大，同时腰部猛烈的屈曲和伸展时，易造成肾脏或肾脏部位组织、血管的挤压、牵扯或扭曲，甚至损伤。

健康人在运动后出现一过性的血尿，虽经详细检查但找不到其他原因的，这类血尿称为运动性血尿。运动性血尿仅为运动后血尿的一部分。血尿可表现为镜下血尿和肉眼血尿。由于镜下血尿易被忽略，因此以肉眼血尿求诊者较多见。

（二）处理和预防

1. 处理

对运动员运动后出现肉眼血尿者，不论有无主诉应暂时停止运动训练，进行必要的检查。对无特异性主诉的镜下血尿的运动员可采取边训练边检查的办法，尽快做出较明确的诊断。

对运动性血尿者，除合理调整和安排负荷量外，可试用一般止血药物。由于运动性血尿的原因还未完全清楚，药物治疗均为对症性或试验性的。必要时要停止一段时间剧烈运动，一般血尿可消失。

2. 预防

（1）遵守运动训练的科学原则，负荷量和训练强度要循序渐进，避免骤然加大负荷量和训练强度，做好全身和腰部的充分准备活动。

（2）合理安排训练和比赛时的饮水方案，在剧烈训练和比赛过程中适当补充水分。

（3）注意外界环境的变化，避免过度训练。

七、运动性胃肠道综合征

（一）原因和症状

1. 原因

运动中和（或）运动后出现胃肠道综合征常与多种因素有关。

（1）胃排空。运动中喝高糖饮料将抑制胃排空，使水分存积在胃内，造成胃膨胀和不想饮水，出现反胃、胃肠逆流、胃痛等不适感觉。

（2）内脏血流。运动可引起肌肉和内脏血流的重新分配，即骨骼肌的血管扩张以增加血流，胃肠道则发生血管收缩，血流减少，这样可造成服糖后吸收不良，从而导致由大强度运动引起的腹泻。

（3）高温与脱水。在高温下长时间运动和出现的低血糖将使儿茶酚胺浓度升高，而儿茶酚胺浓度升高将延迟胃排空和延长食物和饮料的通过时间。

2. 症状

（1）腹痛。包括胃脘痛、右上腹痛（或）左上腹痛、全腹痛或下腹痛，主要在运动中和（或）运动后出现。

（2）出现排便或便意。运动中或运动后要排大便或有便意，有时可以自控，有时被迫如厕。

（3）腹泻。运动中和（或）运动后出现，轻者为水泻，重者为血性腹泻。而上消化道出血常排出黑便，下消化道出血可排出新鲜血性腹泻物。

（4）呕吐。吐出咖啡样食物或液体等。

（5）其他症状。如恶心、干呕、吐酸水等症状。

（二）处理和预防

1. 处理

（1）对症治疗，当运动中出现腹痛时，可采用适当减慢速度、按压腹部、调整呼吸等措施，必要时可服用解痉药物。

（2）积极治疗出现中暑、水中毒的运动员，水中毒的治疗原则主要是纠正低钠、低氯，恢复血液中钠、氯的浓度，排出体内蓄积的过多水分等。

（3）对一时找不到明显原因的上、下消化道出血者，可采取暂时停止或减少训练，尤其是减少训练或比赛的强度，可采取口服或注射止血药物等措施。

2. 预防

（1）及时治疗各种原发疾病，对运动时出现各种胃肠道综合征的人群，应进行详细的检查，对患有十二指肠溃疡的运动员，有出血倾向者更应停止激烈的运动训练和比赛，进行治疗。

（2）遵守训练和比赛的卫生原则，主要包括遵守循序渐进原则、个别对待原则等。在炎热天气下进行训练或比赛时，应注意液体的补充和预防中暑。

（3）预防在跑时因饮水量过多而出现的血钠过低，以致发生水中毒现象。

八、极点和第二次呼吸

（一）极点

在剧烈运动时，特别在中长跑时，下肢回流血量减少，氧债不断积累，并达到一定程度时，就会出现呼吸急促、胸闷难忍、下肢沉重、动作不协调，甚至有恶心现象，这在运动生理学上称之为“极点”。

（二）第二次呼吸

“极点”出现后，适当减慢运动速度，并注意加深呼吸，坚持下去，上述生理反应将逐步缓解与消失。随后机能重新得到改善，氧供应增加，运动能力又将提高，动作变得协调和有力。这种现象，标志着“极点”已经有所克服，生理过程出现新的平衡。此种现象，运动生理学上称之为“第二次呼吸”。“第二次呼吸”出现后，循环机能将稳定在新的较高的水平上。“极点”与“第二次呼吸”是长跑运动中常见的生理现象，无须疑虑和恐惧，只要坚持经常锻炼和处理得当，“极点”现象是可以延缓和减轻的。

九、运动中暑

中暑是由高温环境引起的体温调节中枢功能障碍、汗腺功能衰竭和（或）水、电解质丢失过量所致的疾病；中暑多发生在长跑、负重行军越野跑、马拉松、自行车及足球等运动中。中暑常发生在夏初，因这时身体对炎热环境还未适应，尤其是缺乏锻炼或体弱者在炎热的天气里进行锻炼或长久站立，更易发生中暑。

中暑可分为热射病、日射病和热痉挛三种类型，因这三种类型的发病原因、机理症状、处理方法以及预防有所区别，现分述如下。

（一）热射病

热射病是发生在高热环境中的一种急性疾病。

1. 原因和症状

正常人的体温一般恒定在37℃左右，是通过下丘脑体温调节中枢作用，使产热和散热平衡的结果。人体产热主要来自体内的基础代谢，运动和劳动时还有肌肉收缩产生的热量。人体散热主要通过辐射（60%）、蒸发（25%）、对流（12%）以及传导（3%）来完成。当周围环境温度超过皮肤温度（32℃～34℃）时，传导和辐射的散热方式受阻碍，此时散热仅靠蒸发来实现。蒸发的快慢与空气的湿度和流动的速度有直接关系。在空气中温度和湿度相对较高，而又不通风的条件下，仅靠蒸发散热的途径也受阻，这时如果进行长时间剧烈运动，体内产热较多，虽然排汗量增多，但汗液难于蒸发，就会造成热量在体内积累，引起体温明显升高，有时高达41℃～42℃，再加上大量出汗造成体内水、盐代谢紊乱，就会引起热射病。

典型临床表现为高热、无汗和昏迷。开始出现全身软弱、乏力、头晕、头痛、恶心、出汗减少，继而体温迅速升高，可达41℃以上，出现嗜睡或昏迷，皮肤干燥，呈潮红、苍白，脉搏加快，血压下降，呼吸快而浅，四肢肌肉抽搐，严重者可出现休克，甚至合并心、肺、脑水肿和肾功能衰竭而死亡。

2. 处理和预防

先将患者搬到阴凉通风处，解开紧束的衣服，迅速降温，可用冷水、冰水浴加用风扇吹风，或在额部、颈两侧、腋窝、腹股沟等处放置冰袋（或冷湿敷），使体温逐渐降低。清醒者供给清凉饮料或含盐（0.3%）低糖饮料，必要时可采用药物降温。病情严重或昏迷者，可针刺人中、涌泉、中冲等穴位，并立即送医院进行治疗。

平时要坚持在较热环境中锻炼，以逐步提高肌体的耐热能力。在炎热的季节里运动，每锻炼一小时左右，到阴凉处休息5～10分钟，并适当延长午休时间；在烈日下运动应戴帽，穿浅色、宽敞和透气性良好的运动服。在室内活动时，要注意通风，室内人数不宜过多。夏天运动时应准备清凉消暑或低糖含盐饮料。膳食中要有足够的糖、蛋白质和维生素，并注意水和电解质的摄入。在夏天，耐热能力较差、身体疲劳或患病者，不宜参加运动，避免发生中暑。

（二）日射病

1. 原因和症状

在烈日下运动，头部未戴帽或无遮盖的情况下，头部直接受到太阳辐射或强烈的热辐射，加之可见光及红外线长时间照射头部能穿透头皮和颅骨引起脑膜充血、水肿和脑组织损伤。这种情况下，大脑组织的温度升高（可达40℃～41℃），但此时体温并不一定升高。

主要表现为呼吸和周围循环衰竭。患者初期感到头痛、头晕、眼花、耳鸣、恶心，兴奋性增高。重者则剧烈头痛、呕吐、昏睡或昏迷，头部温度常较体温高。检查时脉搏弱而快，血压下降等。

2. 处理和预防

将患者迅速移至阴凉处，平卧休息，用冷水或冰水敷头部和颈部。清醒者，可饮清凉淡盐水；昏睡者可嗅以氨水，并立即送医院治疗。

长时间在烈日下运动要戴帽。运动时间不宜过长，中间要到阴凉处休息。发现有中暑先兆时应立即停止运动。

（三）热痉挛

它是因氯化钠（盐类）丧失过多，使肌肉兴奋性增高，引起肌肉疼痛和痉挛。

1. 原因和症状

在高温下进行剧烈运动或大强度劳动，身体大量出汗，造成肌体里水分和盐类流失，此时若大量饮水而又没有及时补充盐分，使血液中氯化钠浓度降低，肌肉兴奋性增高，引起肌肉痉挛和疼痛。

负荷较重的肢体较易引起肌肉痉挛。轻者只有对称性肌肉抽筋、疼痛，重者可有大肌肉群，甚至肠平滑肌也发生阵发性痉挛和疼痛。血液检查时，可见钠和氯含量降低。

2. 处理和预防

在炎热夏天训练和比赛时，注意合理补充水分和盐分，氯化钠的供给量每天宜增加到 20 ～ 25 克，可将盐加入饮料和菜汤中摄入，采用少量多次饮水原则，禁止一次暴饮。

训练前补充足够的水分和盐分，在运动训练时注意全身各肌肉群交替进行活动，避免仅用单侧肢体负荷（其余详见热射病预防）。

应该指出，在实践中，热射病、日射病和热痉挛常常同时存在，不能截然分开，只是以某一种类型表现为主，另一类型为次而已。因此，在处理和预防时应全面考虑，采取综合措施。

十、腹部疼痛现象

在体育锻炼中，有时会突然发生腹痛，痛感部位多为右上腹、左上腹、脐部周围及下腹部等处，一般表现为钝痛、胀痛或绞痛。其中，既有功能性的，也有器质性的。因此，为了便于区分及对症处理，就必须根据疼痛的部位，了解产生疼痛的原因，以便采取必要的措施。

（一）左上腹部疼痛

1. 原因和症状

左上腹部疼痛是运动时的一种常见现象，特别在长跑锻炼中出现更多。那么这种疼痛究竟是什么原因引起的呢？新的解释认为，这是因为静止状态骤然转为剧烈运动状态时，内脏器官本身的惰性，必须使身体先有一段适应过程，使供氧系统与肌肉活动之间协调配合，才能更好地保证人体完成紧张的肌肉活动。要想达到这一目的，最有效的预防手段就是充分做好准备活动，使肺通气量水平提高。经验证明，一个充分做好准备活动的人，在运动时极少发生左上腹部疼痛的现象。

2. 处理和预防

如果运动中疼痛已经发生，可采用稍减慢速度，加深呼吸的方法克服它。只要呼吸肌的血液供应情况得到改善，供氧充分，疼痛即可消失。

（二）右上腹部疼痛

1. 原因与症状

右上腹部疼痛是由于剧烈运动引起血液循环不畅，而导致肝脏淤血并刺激神经引起的。通常认为，肝脏淤血是因为剧烈运动而使心脏功能与肌肉活动失控，从而导致血液不能及时回流心脏，造成血液在这些器官中暂时滞留。另有观点认为，肝区疼痛是因为剧烈运动时肝糖消耗增多，热量释放猛增，局部温度明显增高，使肝细胞膨胀，导致与横膈膜的摩擦加剧，神经受到刺激而引起的。

2. 处理和预防

无论是何种原因引起这种疼痛，充分做好准备活动，有节奏地进行体育锻炼，合理增加运动负荷，使身体能有一个良好的适应过程，是防止这种现象发生的必要措施。如果在运动时突然产生疼痛，那么只要用手挤压肝区部位，适当降低运动强度，调整呼吸节奏并做些舒展练习，疼痛就会减轻或消失。经上述处理后，若疼痛仍未减轻，则应立即停止运动。在一般情况下，运动停止疼痛即可消失，若数小时后仍继续疼痛，甚至有加剧的趋势，就应做进一步的医学检查或处理。

（三）脐周疼痛

1. 原因和症状

大家都知道，人的肠胃靠腹膜牵挂在腹腔后壁上，在剧烈运动时，腹腔内部震动强烈牵拉腹膜，会刺激感受器引起脐周疼痛。因胃痉挛造成的疼痛多在上腹部，而肠痉挛引起的疼痛多在脐周，有时因蛔虫症或腹部受凉，也会在脐周产生疼痛。至于急性阑尾炎的早期疼痛部位也可在上腹部或脐周围，但应与其他症状严加区别。肠胃震动引起的疼痛一般为牵拉性胀痛，可设法降低运动强度，甚至稍微休息一段时间后再继续锻炼。胃肠痉挛引起的疼痛，轻者为不规则痉挛性钝痛、胀痛，重者可为阵发性绞痛。蛔虫症引起的疼痛，表现为阵发性绞痛，痛感往往在脐部周围不固定。腹部受凉引起的疼痛多为脐周阵痛，有时伴有腹泻。

2. 处理和预防

为了避免这种现象发生，饭后不应过早参加体育锻炼，锻炼前不要吃得过饱、喝水过多。另外，锻炼前最好少吃不易消化的食物，运动中注意保暖，以免引起胃酸或冷空气对肠胃的不良刺激。至于器质性疼痛，则应进一步查明原因，请医生诊断治疗。

第四节　常见的运动损伤与预防

一、常见运动损伤与处理

（一）软组织损伤

1. 擦伤

（1）原因与症状。因运动时皮肤受挫致伤。如跑步时摔倒，体操运动时身体擦磨受伤，擦伤后皮肤出血或组织液渗出。

（2）处理方法。如果小面积擦伤，用红药水涂抹伤口即可，不必包扎，如大面积擦伤，应先用生理盐水洗净，再涂抹红药水，覆盖消毒纱布包扎。

2. 挫伤

（1）原因与症状。因撞击或练习者之间相互碰撞而造成挫伤。伤后引起疼痛与暂时性功能丧失。挫伤可能发生在身体的任何部位，如股四头肌、小腿前部、各关节部位以及头部等。单纯挫伤在损伤处出现红肿，皮下出血，并有疼痛。内脏器官损伤时，则出现头晕、脸色苍白、心慌气短、出现四肢发凉、烦躁不安，甚至休克。病理上肌肉挫伤的早期组织变化为血肿形成炎症反应，与肌肉拉伤不同的是，其以后由致密结缔组织的疤痕取代血肿，疤痕中没有肌纤维再生。严重的肌肉挫伤可引起骨化性肌炎并发症，严重影响肌肉功能。

（2）处理方法。在 24 小时内冷敷或加压包扎，抬高患肢或外敷中药。在 24 小时后，可按摩或理疗。进入恢复期后可进行一些功能性锻炼。如果怀疑内脏损伤，则做临时性处理后，送医院检查和治疗。

3. 扭伤

（1）原因与症状。扭伤是指在外力作用下使关节发生超长范围的活动而引起关节囊和韧带的损伤。轻度扭伤主要是局部疼痛、肿胀。若伴有滑膜损伤，则整个关节肿痛，牵引受伤韧带疼痛加重等，这些都是关节扭伤的现象。

（2）处理方法。轻度扭伤应冷敷和加压包扎，24 小时后可热敷或按摩治疗。若韧带完全断裂，则应尽快送往医院治疗。

4. 撕裂伤

（1）原因与症状。在剧烈紧张运动时或受到突然强烈撞击，造成肌肉撕裂。常见的有眉际撕裂，跟腱撕裂，肘尺侧肌肉韧带撕裂等。撕裂后剧烈疼痛。

（2）处理方法。若撕裂的创伤口较小，经消炎处理后，用粘膏或创可贴黏合即可。撕裂创口较大，则须止血，缝合创口。如果伤口深且污染严重，应注射破伤风抗毒血清和给以抗生素治疗。

5. 肌肉拉伤

（1）原因与症状。通常在外力直接或间接作用下，使肌肉过度主动收缩或被动拉长时引起肌肉拉伤，特别是由于准备活动不充分，动作不协调以及肌肉弹性、伸展性、肌力差者更易拉伤。损伤后肿胀、压痛、肌肉痉挛，触诊时可摸到硬块。严重的肌肉拉伤是肌肉撕裂。

（2）处理方法。轻者可即刻冷敷，臂部加压包扎，抬高患肢。24 小时后可施行按摩或理疗。如果肌肉已大部分或完全断裂者，在加压包扎急救后，立即送医院治疗。

（二）关节、韧带扭伤

1. 掌指、指间关节损伤

（1）原因和症状。当手指侧方受到暴力作用，被撞击发生扭转常可导致掌指或指间关节侧副韧带及关节囊受伤，或暴力作用于指端，使手指过度背伸，导致掌指或指间关节的全脱位或半脱位。

伤后局部剧烈疼痛、肿胀和压痛。韧带损伤者作侧向搬动检查，伤处疼痛加剧，韧带断裂者还可有松动开口感，脱位者除疼痛、肿胀、压痛外，还可见伤指向后反折畸形，并有弹性固定现象。

（2）处理方法。韧带扭、挫伤者伤后应立即采用冷敷和加压包扎，并固定伤指。48 小时后可用药酒泡洗手指，每天 2 次，每次 10 ～ 20 分钟，侧副韧带发生断裂者，应尽早手术缝合，发生脱位者应尽快复位。

2. 肩、肘关节扭伤

（1）原因与症状。一般因肩、肘关节用力过猛，高处落地时手臂撑地以及反复劳伤所致，也有的因技术变形致伤，如排球扣球，网球大力发球等。症状有压痛、疼痛，急性期有肿胀现象，慢性期三角肌可出现萎缩，肩、肘关节活动受限。

（2）处理方法。受伤后 24 小时内可冷敷或采用 RKE 法处理。也可服用消炎药或注射类固醇以控制肌腱发炎。24 小时以后可采用理疗、按摩、针灸等物理治疗。出现韧带断裂时，应立即送医院缝合或固定处理，症状减轻后可进行功能性锻炼。

3. 髌骨劳损

（1）原因与症状。髌骨具有保护股骨关节面，维护关节外形，传递股四头肌力量的作用，是维护膝关节正常功能的主要结构。这个部位的劳损十分常见，尤其是在上下山坡或爬楼梯时更为显著。髌骨劳损可能是因重复的碰撞，或活动时所受的冲力太大，或长时间做同一姿势的膝关节活动所致。也可一次直接外力撞击致伤。如篮球跨步急停、跳高和跳远时踏跳不合理或摔倒撞击，都可导致这种损伤。

（2）处理方法。患者可采用中药外敷、针灸、按摩等，甚至服食抗炎的药物。平时注意加强膝关节肌群力量练习（包括股四头肌和腿后肌群），如采用高位静力半蹲，每次保持 3 ～ 5 分钟即可。病情好转时，可逐渐增加时间，每日进行 1 ～ 2 次。

4. 急性腰伤

（1）原因与症状。运动时，身体重心不稳定或肌肉收缩不协调，引起腰部扭伤。多数因腰部受力过重，或脊柱运动时超过了正常生理范围。例如：挺身式跳远中，展体过大；举重上挺时，过分挺胸塌腰；跳水时，下肢后摆过大，都有可能造成腰部扭伤。损伤后，当场疼痛，有时听到瞬间“咯咯”的响声，有时出现腰部肌肉痉挛和运动受限。

（2）处理方法。腰部急性扭伤后，让患者平卧，一般不应立即搬动。如果剧烈疼痛，则用担架抬送医院诊治。处理后，应卧硬板床或腰后垫一枕头，使肌肉韧带处于放松状态，也可针灸或按摩。

5. 踝关节扭伤

（1）原因与症状。脚踝受伤是关节损伤中最常见的，运动中跳起落地时失去平衡，使踝关节过度内翻或外翻，都会导致损伤的发生。例如，打篮球、踢足球或跳高之后双脚着地不稳，均会令足踝出现不正常的扭动。在准备活动不充分、场地不平坦的情况下，更易造成这类损伤。由于关节活动量超过了其可能承受的程度，周围的组织被拉伤，以致组织出血和红肿，并有触痛的感觉。内侧和外侧的脚踝关节韧带都有可能受伤，不过有七成的伤患是在外侧韧带发生的，尤其是前部分的纤维组织，主要症状：伤处疼痛、肿胀、韧带损伤处有明显压痛、皮下淤血。

（2）处理方法。受伤后，急救可以采用冷敷，用绷带固定包扎，并抬高伤肢。24 小时后，根据伤情采取综合治疗，如外敷伤药、理疗、刮痧、按摩等，必要时作封闭疗法。待病情好转后，施行功能性练习。对严重患者，可用石膏固定。韧带完全断裂者，需固定 4 ～ 6 周，解除固定后配合按摩、理疗、中药熏洗和功能锻炼。

（三）关节脱位

1. 原因

关节脱位是指关节面失去正常的联系（即关节脱臼），根据关节面错位的大小可分为关节半脱位和关节完全脱位，关节脱位一般是以间接暴力造成的。严重的关节脱位，常伴有关节囊、周围软组织损伤、骨折，甚至伤及神经、血管等。运动中发生的关节脱位大多是间接外力撞击所致，如在摔下或跌落时用手撑地，引起肩关节脱位。

2. 处理方法

保持冷静，仔细观察，应叮嘱患者保持安静、不要活动，更不可揉搓脱臼部位。固定伤肢用长度和宽度相宜的夹板。固定伤肢，若没有夹板，可将伤肢固定在自身的躯干或健肢上，防止振动。如脱臼部位在肩部，可把患者肘部弯成直角，再用三角巾把前臂和肘部托起，并挂在颈上，再用一条宽带将伤肢固定于胸前，在健肢侧腋下做结。如脱臼部位在肘关节，用绷带将伤肢固定在夹板上，再用布带将前臂挂起，如果现场没有合适的夹板，也可用粗铁丝做成铁丝夹板或用宽布带将伤肢悬挂在胸前。如脱臼部位在髋部，则应立即让患者躺在平板上，用绑带固定送往医院。注意抗休克处理。单纯性脱臼可在现场作手法复位，然后固定。没有关节脱位整复经验的人不可随意进行整复，以免加重损伤。复杂性脱臼尽快送医院处理。

（四）脑震荡

1. 原因和症状

脑震荡是指头部受到外力打击后，使大脑的膜半规管、椭圆囊、球囊等感受器机能失调。轻则引起意识和功能的一时性障碍。严重者将完全丧失意识，呼吸短浅，脉搏缓慢，瞳孔放大；清醒后，常出现头痛、头晕、恶心、呕吐、情绪烦躁、注意力不集中、耳鸣、心悸、多汗、失眠、记忆力减退等症状。

2. 处理方法

立即让患者平卧，冷敷头部。若有昏迷，即指压人中、内关、合关穴；若呼吸发生障碍立即进行人工呼吸。上述处理后，出现反复昏迷或耳鼻口出血，两瞳孔放大又不对称时，表明病情严重，应立即护送医院治疗。在运送途中，要让患者平卧，头部固定，避免颠簸。

（五）骨折

1. 原因和症状

运动中，身体某部位受到直接或间接暴力撞击时，造成骨折。例如在踢足球时，小腿被踢伤发生的胫骨骨折，跪倒在地引起膑骨骨折等。骨折是比较严重的损伤。骨折分不完全性骨折和完全性骨折两种。常见的骨折有肱骨骨折、前臂骨骨折、手骨骨折、大腿骨折、小腿骨折、肋骨骨折、脊柱骨折和头部骨折等。

骨折发生后，患处立即出现肿胀，皮下淤血，有剧烈疼痛（活动时加剧），肢体失去正常功能，肌肉产生痉挛，有时骨折部位发生变形。严重骨折时，伴有出血和神经损伤、发烧、口渴等症状。

2. 处理方法

骨折发生后要立即停止伤肢的活动，并进行急救。若伴有出现休克时，应先进行处理，平躺休息，点按人中穴，并进行人工呼吸或心脏腹外按摩，若伴有伤口出血，应同时实施止血和包扎。应用夹板或其他代用品固定伤肢，固定包扎时，动作要轻，缓慢，不要乱拉乱拖，以免造成严重的错位，及时护送医院检查治疗。

（六）胫腓骨疲劳性骨膜炎

1. 原因和症状

一般无直接外伤史，但有跑跳运动过多的经历，发病缓慢，征象逐渐加重，疼痛是本病的主要症状。初期多在运动中或运动后出现小腿骨疼痛，休息后症状可消失，若再继续参加负荷较大的跑跳运动，疼痛逐渐加重，部分患者会出现夜间疼痛现象，严重者甚至跛行。急性期多有局部凹性水肿，以小腿下段较明显。胫骨内侧面、内后缘或腓骨下端有压痛。病程较长的患者，在胫骨内侧面上常能触摸到小结节或肿块，压之锐痛。膝骨疲劳性骨膜炎患者，可见腓骨下端膨隆。后蹬痛是胫腓骨疲劳性骨膜炎的重要体征，即患者用足尖用力向后蹬地时出现疼痛。症状长期不见好转、局限性压痛显著的患者，应通过 X 线拍片检查是否存在疲劳性骨折。

2. 处理方法

早期症状较轻的病人，无须特殊治疗，仅用弹力绷带将小腿裹扎，减少下肢运动，休息时抬高患肢，多可痊愈。经常疼痛或运动后疼痛较重的病人，应注意休息并用弹力绷带裹扎小腿，抬高患肢，可配合中药外敷或熏洗、理疗、按摩、针灸、碘离子透入等治疗方法。治愈后重新参加锻炼时，运动负荷要逐步增加，以免复发。

二、常见运动损伤的预防

参加体育锻炼的目的是增强体能，促进身心健康，而运动损伤的发生往往会使锻炼者的身心都受到一定的损害，因此，防患于未然就显得特别重要。锻炼者应采取一些预防措施，使体育锻炼健康安全而富有成效。一般来说，在体育锻炼中预防运动损伤应做好以下几个方面的工作：

（一）思想重视

要从思想上对运动损伤的预防给予重视，并遵守体育锻炼的一般原则，同时，要加强身体的全面锻炼，提高机体对运动的适应能力。

（二）充分的准备活动

运动之前做充分的准备活动。有相当多的参与运动的人根本就没有做准备活动的意识，这样神经系统和内脏器官的功能没有被充分动员起来，肌肉伸展能力欠佳，关节不够灵活，动作不协调，导致运动损伤的发生，原因主要是对准备活动的作用不明确或不会独立做准备活动，错误地认为做准备活动是浪费体力，往往急于参加运动而造成损伤。身体素质差、技术动作不熟练是导致运动损伤的另一个重要因素是运动技术掌握不好有两个方面的原因：一是身体素质差，特别是力量、灵敏、柔韧素质较差，动作僵硬、不协调，遇到一些技术较复杂、难度较大的运动项目或在运动量、强度加大的情况下就容易受损；二是根据运动技术形成的规律，在运动技能形成的泛化阶段和分化阶段，由于对运动技术概念理解不深刻，练习中出现多余的动作后技术掌握不稳定，这种情况下也容易受伤。所以在参加体育锻炼前要做充分的准备运动，这可以减少运动损伤的出现。

（三）调节身体处于良好的状态

1. 锻炼前应做好充分的准备活动

准备活动不但能使基础体温升高、肌肉深部的血液循环增加、肌肉的应激性提高和关节柔软性增强等，也能减少锻炼前的紧张感和压力感，这在很大程度上可以预防损伤的发生。

2. 自我保护

锻炼者除了认真做好准备活动和放松活动外，也应了解和懂得初步处理锻炼后肌肉酸痛、关节不适的方法。肌肉酸痛的早期可做温水浴、物理疗法或自然按摩。如果疼痛继续加重，应去医院进行诊断治疗。同时锻炼中应密切注意自己的身体反应，及早发现运动损伤的早期症状，以便于早发现、早治疗、早康复。

3. 锻炼后应注意放松活动

放松活动是指在锻炼后通过放松方法使体温、心率、呼吸、肌肉的应激反应回复到锻炼前的正常水平。从预防损伤的角度来看，这同锻炼前的准备活动一样重要。根据不同的运动项目进行针对性的放松，可以防止锻炼后出现肌肉酸痛。

（四）加强易伤部位训练

加强易伤部位和相对较弱部位的训练，提高它们的功能，是预防运动损伤的一种积极手段。例如，为了预防腰部损伤，应加强腰腹肌的训练，提高腰腹肌的力量，并增强其协调性和对抗的平衡性。

（五）创造锻炼的安全环境

体育器具、设备、场地等在锻炼前都应进行严格的安全检查。例如，参加网球锻炼时球拍的重量、握柄的粗细、网拍绳子的弹力应该适合锻炼者个人的情况；女性的项链、耳环等锐利物品在锻炼时应暂时不佩戴；锻炼者应根据运动的项目、脚的大小、足弓的高低选择一双弹性好的鞋子。

（六）注意科学锻炼

科学锻炼包括五大要素，即全面性、渐进性、个别性、反复性、意识性。

全面性是指锻炼者应对体能进行全面训练，而不是单纯针对某一特定动作反复练习。

渐进性是指锻炼者应逐步提高运动负荷和增加锻炼时间，以防机体一时不能适应而导致运动损伤。

个别性是指锻炼必须因人而异。性别、年龄、体力、技术熟练程度不同，活动量和方法也应不同。

总之，为了预防运动损伤的发生和一旦发生后便于急救，要学习一些运动保健的基本知识。对青少年的生理、解剖、心理等特点要有所掌握，使我们正确把握体育训练规律，防治运动损伤，达到提高身体素质、增强身体健康的目的。

第三章　行为与体质健康

第一节　行为概述

一、行为的概念

行为是人类在生活中表现出来的生活态度及具体的生活方式，它是在一定物质条件下，不同的个人或群体，在社会文化制度、个人价值观念的影响下，在生活中表现出来的基本特征，或对内外环境因素刺激所做出的能动反应。人的行为可分为外显和内在行为。外显行为是可以被他人直接观察到的行为，如言谈举止；内在行为则是不能被他人直接观察到的行为，如意识、思维活动等，即通常所说的心理活动。一般情况下，可以通过观察人的外显行为，进一步推测其内在行为。

二、行为的分类

人类不同于其他生物，同时具有生物和社会双重属性，据此可将人类的行为划分为本能行为和社会行为两大类。

（一）本能行为

人的本能行为是最基本的行为。目前公认的人类本能行为有以下几种：

1. 性行为

人类为了种族延续需要有性行为。性行为具有本能性。但在人类社会，性行为必然要受到社会意识和行为规范的强烈影响与调节。

2. 摄食行为

人为了生存必须进食。新生儿不需学习即能摄食。但随后逐步形成的进食习惯、偏好等却是后天受环境影响和适应、学习的结果。

3. 攻击与自我防御行为

表现为对外来威胁的妥协、反抗和逃避。

4. 好奇和追求刺激的行为

人类天生具有好奇心并有追求刺激的本能。人类从未停止并永远不会停止对未知世界的探索。

（二）社会行为

社会行为是人所特有的，是人在社会化过程中为了自身的生存和发展而形成的一系列行为，如职业技能、社会角色行为、娱乐行为等。人类在进行物质生产的同时逐渐形成一定的文化、艺术、科学、哲学、宗教、道德、风俗、法律等意识形态以及各种政治关系、经济关系、家庭关系和人际关系。这些因素构成的社会环境，塑造、规范和约束社会成员的行为，使之符合社会的要求和满足社会的需要。

第二节　常见的危害大学生健康的行为

一、吸烟

烟草危害是当今世界最严重的公共卫生问题之一。吸烟有害，早已形成共识，它可以说是一种慢性自杀剂，其化学成分十分复杂，烟草中含有大量尼古丁，光有毒物质有600多种，已确定的致癌物质便达40多种，如烟焦油、尼古丁、一氧化碳等。医学研究结果表明，吸烟者的寿命比不吸烟者平均少10年左右，其中有1/4吸烟者在70岁前去世。吸烟已成为全球的公害。

（一）吸烟损害心脑血管

烟草中的一氧化碳是一种会干扰氧气交换利用的有毒气体，它与血红蛋白的亲和力比氧气与血红蛋白的亲和力强，吸烟会使得碳氧血红蛋白的浓度升高，影响红细胞输送氧气的功能，造成慢性氧气利用不够，进而影响中枢神经系统功能，同时会促进胆固醇增多，加速动脉粥样硬化，影响心脑血管的健康。

（二）吸烟危害他人健康

我国现有烟民3亿多人，占世界总吸烟人数的1/4。自觉养成不吸烟的个人卫生习惯，不仅有益于健康，而且也是一种高尚的公共卫生道德的体现。青少年正处于生长发育时期，呼吸道黏膜容易受损，吸烟的危害性更大。据调查，小于15岁开始吸烟的人，比不吸烟的人肺癌发病率高17倍。

（三）吸烟造成社会损失

也许有些人会认为“吸烟是国家一大税收”，其实，吸烟给社会带来的负担比它的税收贡献要大得多。因吸烟而引起的疾病所开支的医疗费以及劳动价值的损失远远高于烟的税收；此外，有1/4～1/3的火灾是由于吸烟引起的。一个小小烟头，就可将宝贵的森林资源化为灰烬，造成人民生命财产的巨大损失。

（四）吸烟影响孩子的健康

统计发现，母亲吸烟的胎儿出生后幼儿成长期及智力发育等方面均会受到影响。在癌症的发生方面，母亲在怀孕期间吸烟或被动吸烟，胎儿出生后在儿童期间与没有被动吸烟的儿童相比，发生癌症的危险高1倍。家庭成员中有人吸烟，孩子的健康也会受到损害。有资料表明，父母一方吸烟，儿童患支气管炎和肺炎的危险性增加50%，此外还会增加孩子患哮喘的可能和患中耳炎的可能。

（五）吸烟对消化系统的影响

不仅会使消化道肿瘤的发生概率增加，如口腔癌、肠癌等更加容易发生，胃炎、消化道溃疡的发生也与吸烟有着密切的关系。烟草里的有害成分会抑制消化腺分泌消化液，使胃肠道的消化功能减弱，消化道黏膜的抵抗力下降。吸烟还会增加患胃炎的机会，烟草中的尼古丁会使胃黏膜下血管收缩、痉挛，使黏膜缺血、缺氧，胃黏膜血流量减少是破坏胃黏膜完整性，是导致胃黏膜损伤的重要因素之一。尼古丁还可使幽门括约肌松弛，运动功能失调，胆汁反流。反流到胃内的胆汁能破坏胃黏膜的自我保护屏障，造成黏膜糜烂，导致炎症。吸烟还会促进胃酸分泌，在胃黏膜屏障被破坏的基础上，胃酸又加重了胃黏膜的损害。

（六）吸烟对肺的危害最为严重

烟中所含的焦油是一种棕黄色黏性树脂，沉积在吸烟者肺中，容易引起肺癌。据临床统计，肺癌患者中80%～85%是因吸烟引起的，而戒烟又使得肺癌的病死率下降。除去可怕的肺癌，吸烟者在吸烟的过程中，呼吸道黏膜会受到刺激而发生问题。如烟中的尼古丁进入人的支气管会对支气管的纤毛产生抑制和麻痹作用，严重的可使其丧失活力甚至脱落，导致支气管黏膜受损。香烟的有害物质还会改变支气管黏膜的渗透性，使黏液分泌增多，引起咳嗽、多痰、慢性气管炎、咽喉炎等症状。由于反复感染而使肺活量下降、气短，发生肺气肿、肺纤维化、肺功能不全，继而发生肺源性心脏病等疾病。

二、酗酒

酒是粮食或果实经发酵后制作的一种饮料。随着人们物质文化生活的丰富，酒的消耗与日俱增。根据调查，大学生的饮酒情况呈现三个特点：一是饮酒人数越来越多，年幼者或女性饮酒的人数增加更明显；二是狂饮、暴饮的比例上升；三是酒类品种的高档化，品尝茅台、五粮液、人头马等中外名酒已非罕见。

从某种意义上说，饮酒是一种活动的需要。庆典、婚宴、联欢、饯行……但酒带来欢乐的同时也会带来隐患和灾难。人们在工作、家庭或社会活动中遇到挫折或者不快，易出现过量饮酒的行为，这就是我们反对酗酒的原因。

长期、过量地饮酒称为酗酒。在大学生当中，酗酒人数也越来越多，特别是在同学聚会或者吃“散伙饭”的时候，酗酒现象非常普遍。酗酒的几大危害：

（一）心脑血管并发症

饮酒可使心跳加速，血压升高。经常酗酒者，血压均比不饮酒者高，易引发与酒精相关疾病的发病风险，如动脉硬化、心律失常、高血压、冠心病、糖尿病、肥胖症、卒中等。若长期大量饮酒，心脏还会扩大成“啤酒心”。酗酒严重者能引起呼吸中枢麻痹，甚至昏迷而死亡。酗酒还会损害人的免疫功能，降低机体的抗病能力。孕妇在妊娠期饮酒，会直接影响胎儿的心脑血管系统，导致智力低下或畸形。

（二）神经系统病变

严重损伤大脑，引发神经系统病变。酗酒损害神经系统，使神智衰退，脑萎缩，记忆力、视觉平衡和判断力下降，全身震颤，丧失自制力，因此酒后驾车易造成交通事故。

（三）引发肝癌

60% 的嗜酒者患有脂肪肝，甚至演变为肝硬化。酒精可使致癌物质活化。乙醇代谢在肝脏内进行，经常酗酒，特别是空腹喝酒，酒精会很快进入内脏，直接损伤肝，容易形成脂肪沉积，随之而来的是脂肪性肝硬化、腹水、肝癌。

一般来说，饮少量低度酒还是可以的，但过量饮酒，哪怕一次，对心脏都是危险的。从某种意义上说，饮酒也是人们的一种需要，庆典、婚嫁、联欢、饯行等种种场合，饮酒都是一项重要的内容。它既能给人们带来激情、欢乐和友谊，也能带来隐患与灾难。功过不在酒本身，而在饮酒的人。我们反对的是酗酒——过量饮酒。

三、吸毒

吸毒是指持续性并不断加大剂量的自行摄入医疗或非医疗用途毒品的行为，这是一种慢性的成瘾过程。吸毒除口吸、鼻吸外，还有口服、注射等形式，对人体危害极大。在所有不良行为中，吸毒是最臭名昭著和令人深恶痛绝的。

20 世纪 70 年代以来，国际吸毒泛滥，国内毒情也日益严重，吸毒已成为全球性的公害，波及世界上各个国家和地区。联合国把每年 6 月 26 日定为“国际禁毒日”，号召全世界都来共同抵制毒品的危害。

（一）吸毒对身体的危害

1. 心脏病变

毒品毒害人体重要的组织、器官，对循环系统的毒害表现为血压下降，心动过缓。

2. 消化系统

吸毒者瘦弱不堪，胃肠道平滑肌和括约肌张力提高，蠕动减弱，出现消化和吸收功能障碍，食欲缺乏，甚至完全丧失营养。

3. 大脑病变

近年来的研究证实，毒品能直接改变人脑中部分化学物质的结构，破坏、扰乱人体正常的高级神经活动，有的甚至毒害、损伤神经组织。

4. 传染疾病

毒品破坏人体免疫机制，使吸毒者极易感染各种疾病。

5. 传播艾滋病

吸毒者使用不洁的注射器或共用注射器造成人类免疫缺陷病毒（HIV）的直接血液传播或通过性接触感染艾滋病毒。

6. 加速死亡

吸毒者为满足毒瘾易造成吸食（注射）过量，毒品导致呼吸中枢神经系统衰竭而死亡或毒品中混杂有毒、有害物质出现过敏性休克及各种复杂的并发症，严重者导致死亡。

7. 自伤、自杀、自残

吸毒者难以忍受毒瘾发作的巨大痛苦，往往采取自伤、自残甚至自杀的方式摆脱毒瘾的发作。

（二）吸毒对社会的危害

毒品的泛滥，不仅危害人类的健康，而且破坏国家的社会安宁和经济发展，已成为严重的国际性公害。吸毒不仅导致各种各样的违法犯罪，引起一系列的家庭问题，而且使社会蒙受了巨大的损失。

1. 人力资源上的损失

在吸毒引起的社会损失中，人员损失是一个不可忽视的内容。明显的人员损失就是指那些因吸毒而直接致死者，在这方面，国外许多国家都有统计数字。吸毒还导致了不明显的人员损失。对于任何国家而言，成人劳动力都是物质生产和社会生活的中坚，青少年一代更是国家的重要资源和希望所在。但是，吸毒不仅毁掉了许多成年人，使他们失去了为社会创造财富的能力，而且还腐蚀着大量的青年一代，使他们在肉体上、心灵上经历创痛。社会在这方面蒙受的损失，是难以用数字说明的。

2. 经济损失

人们已经越来越注意到，吸毒会给社会的经济造成损失。毒品吞噬社会财富的能力是惊人的。对于发展中国家来说，毒品造成的损失和扫毒所需的巨额经费是沉重的负担。吸毒者在工作中造成的事故比正常人高出 3 ～ 10 倍。

3. 其他损失

吸毒给社会带来的可见损失，不仅仅包括经济损失和人力资源损失，还包括其他一些损失。首先，由于毒品问题的泛滥，一些发展中国家的农田被侵占用于种植毒品，这必然影响粮食的产量，造成粮食的损失。其次，由于毒品的生产和加工都是在隐蔽的情况下进行的，而且条件极其简陋，因而很容易造成环境污染。再次，毒品问题的泛滥，会大大败坏一个地区、一个国家的社会风气，使一些优秀的价值观念慢慢丧失殆尽。

第三节　走出亚健康

一、亚健康的概念

亚健康也称第三状态，是近年来由医学界提出的新概念。现代医学根据人的健康状况，把健康人称为“第一种人”，把患病者称为“第二种人”，把处于健康与疾病之间的人称为“第三种人”，又称第三状态。第三状态是指机体虽无明确的疾病，却呈现出活力降低、功能减退的一种生理状态，是一种暂时性的生理功能失调，会造成精神紧张综合征、疲劳综合征和疼痛综合征等。

二、亚健康的特征

（一）潜隐性和不典型性

亚健康时症状不典型或很轻微，往往不易引起人们的重视，即使引起注意去医院检查，又往往一切正常，寻找不到病理信息。但应该指出的是，目前的医学检查手段还不足以捕捉到微观医学的病理变化，如细胞超微结构及分子水平的异常信息等，应用目前临床常用的检查手段很难发现。这就为临床检查提出了一个新的课题——为超早期诊治创建更高、更精、更新的检测手段，如基因芯片、基因治疗、纳米技术的临床应用等。当人体受到外界环境污染的影响，最早的表现是基因异常突变，不正常的细胞分化增多，若在一定范围内，将被人体免疫监视系统发现并被吞噬细胞消灭掉；但继续发展，不正常细胞分化逐渐增多，超过了免疫系统所能承受的范围，则成为异常细胞群，此时患者已进入肿瘤前期，即亚健康状态，这种状态可能持续很长时间。

（二）普遍性及危害性

据研究亚健康的专家认为，每一个人在生平几乎有 2/3 以上的时间是处于亚健康状态，所以有人说，健康对人们是短暂的，亚健康则是长久的。一些遗传性疾病基因的携带者，亚健康状态将伴随终生直至发病。人群中约有 20% 的人患有各种遗传疾病（疾病态或业健康态）。许多与遗传基因有关的疾病，往往是成年甚至老年才陆续发病，如原发性高血压、冠心病、糖尿病等，都与遗传基因相关。我国是乙型肝炎及丙型肝炎高发地区，据专家们估计，我国约有 2 亿人口是乙肝或丙肝病毒的携带者，可以说是一个名副其实的病毒性肝炎的流行大国。这些人不仅自己处于亚健康和待病状态，而且对周围的密切接触者的健康也构成了严重威胁。若对众多的遗传病的高危人群进行婚前、产前基因检测，对传染病、流行病进行有关抗原、抗体或 DNA 检测，对潜在的患者进行系统追踪监护和及早防治，不仅使众多的亚健康者转为健康者，而且也保护了健康者免受感染，对提高全民族的健康素质具有重要意义。

（三）亚健康的多元性及双向性

亚健康的成因是多元的。微生物（病毒、细菌、支原体、衣原体及寄生虫等）、物理（X线，电离辐射、紫外线）、化学（农药、强酸、强碱、化工制品）、精神心理（生活事件、精神创伤）、社会（劳保、医保、养老保障、竞争）因素。

亚健康的康复是多元的、综合的。正因为导致亚健康的原因是多元的、错综复杂和模糊的，因此在调理亚健康时应具体分析，制定强有力的综合性干预措施。如找出紧张原因，逐一消除，缓解心理压力，放松自己，劳逸结合；同时还须建立科学的生活方式，纠正不文明、不规范的行为和习惯，如戒烟限酒、适度运动等。

亚健康具有双向互动的特性，如果早期发现，早期干预，彻底干预，大部分亚健康者可以转化为健康者。但遗憾的是，多数人对亚健康认知能力很低，对此状态并不重视，听之任之，当积累到一定程度，就可由量变到质变，暴发严重疾病。

三、亚健康形成的原因

（一）人的自然衰老

人成熟以后，大约从30岁左右就开始衰老，到了一定程度，人的机体器官开始老化，出现体力不足、精力不支、社会适应能力降低等现象。比如，女性出现更年期综合征时，会出现生理功能紊乱、精神和情绪焦躁等现象；男子虽然更年期综合征的症状不明显，但也会产生性机能减退、精神烦躁、精力下降等综合症状。这时人体是没有病变的，但已不是处于完全健康状态，而是处于亚健康状态。

（二）精力、体力透支

因生活、工作节奏加快，竞争日趋激烈，使人们用脑过度，身心长时间的处于超负荷状态，造成身心疲劳。

（三）现代身心疾病前期

世界各国公布的死亡病因前三位的是心、脑血管疾病和肿瘤。在这些疾病发病前相当长的时间内，身体也可能处于亚健康状态，人体内脏系统虽然没有显著病变，但已经有功能性障碍，如胸闷气短、头晕目眩、失眠健忘等。

（四）人体生物周期中的低潮时期

即使是一个健康的人，在某一特定的时期也可能处于亚健康状态。人的体力、精力、情绪都有一定的生物规律，有高潮也有低潮。在低潮时期，就会表现出亚健康状态。

四、走出亚健康

为“走出亚健康，保持健康水平”，我们应该做到以下几点：

（一）不吸烟

吸烟是有百害而无一利的。据调查发现：将每天吸 20 支烟以上的人与不吸烟的人比较，口腔癌增加 3 ～ 10 倍；食管癌增加 2 ～ 9 倍；膀胱癌增加 7 ～ 10 倍；胰腺癌增加 2 ～ 5 倍；肾癌增加 1 ～ 5 倍；其他癌症增加 1 ～ 4 倍；冠心病发病率高 2 ～ 3 倍；气管炎发病率高 2 ～ 8 倍。

（二）少饮酒

酒的主要成分是乙醇，适量饮酒对人体有兴奋作用，使血管扩张、循环加强、精神振奋、疲劳解除；酒对味觉、嗅觉也有刺激作用；在饭前饮用少量“开胃酒”可以增进食欲，有益健康；在适量饮酒的 60 分钟后，可使体内胰岛素增高，也可提高消化功能。但是酗酒或饮酒成瘾都有害健康，慢性酒精中毒引起肝脏损害、酒精性肝硬化乃至肝癌。过量嗜酒会造成急性酒精中毒，严重的可造成，心跳、呼吸停止以致送命。

（三）要吃早餐

早年全世界在美国举办过早餐会议，各国营养权威对世界范围早餐进行研究，得出结论：吃早饭有利于增进记忆，提高学习、工作效率和健康水平。

（四）充足的睡眠

健康体魄来自睡眠，没有足够的睡眠就没有健康。有科学家观察告诉我们：晚上10时至凌晨2时，是人体一天中，物质合成旺盛、分解最少、人体疲劳恢复的最佳时段；也是人体内两支“国防”力量，B淋巴细胞和T淋巴细胞生长最旺盛的时间。B淋巴细胞和T淋巴细胞强大，人体抗病能力就强，就会少生病、不生病。

（五）适度运动

适宜的运动是保持脑力和体力协调，预防、消除疲劳，防止亚健康的一个重要方法。对待运动的科学态度是“贵在坚持，重在适度”。适度就是在锻炼完毕，冬天自觉全身暖和，夏天微微出汗，但不觉心慌为度。万万不可不锻炼则罢，一锻炼就满头大汗，气喘吁吁、心跳、气急，这样于健康非但无益，反而有害，甚至会发生意外。

（六）心理健康

精神情绪对人体健康和衰老起着关键性作用。现代人在心理上常处于紧张状态，工作担子重，精神压力大，持续的心理紧张和心理冲突会造成精神上的疲劳，使工作效率降低，免疫功能下降，容易发生疾病。

第四节　合理的生活习惯

生活习惯与健康息息相关，好的生活习惯有利于健康长寿，不良的习惯则是百病之源。这是因为良好的生活起居习惯符合人体自然环境作出适应性调节，从而获得健康。那么，我们大学生应如何养成良好的习惯呢？

一、培养良好的健康意识

世界卫生组织曾指出，人体健康的一半是心理健康。这在很大程度上取决于他的健康意识。因此，要主动学习并获得健康知识，拥有健康意识，自觉接受健康教育，明智选择有利于健康的生活方式和行为，是预防疾病最佳的“疫苗”和“处方”，可以提高自我保健的意识和能力。

二、倡导健康的生活方式

在条件允许的情况下，一般应尽量保持生活的相对稳定。对于我们大学生来说，学校的作息制度是根据学校与青少年的特点，科学安排制定出来的，它符合人体的生理规律。当然，随着工作、学习、锻炼情况的改变，生活制度可作相应的调整。总之，应养成良好的生活习惯，科学地安排生活，并使生活规律化。

三、定期身体检查十分必要

疾病的发生、发展是一个由量变到质变的过程，要知道自己健康与否，定期接受体检是一条有效途径。其目的是对自己的健康状况进行“盘点”，把握健康主动权，早期发现疾病的危险因素和某些疾病先兆，以便及早防治，并获得健康指导。

第四章　体质锻炼与健身处方

第一节　体能概述

一、体能的概念及主要特性

（一）体能的概念

体能一词在英文中被表达为Physical fitness，Physical conditioning，Physical performance，Physical capacity等，并没有特定的专有名词。在我国港、澳、台地区很少用体能这一概念，多用的是体适能这个概念。香港学者钱伯光博士在其所著的《Keep Fit手册》中较为详细地解释了体适能的概念：身体适能简称体适能，包括与健康相关的体适能和竞技运动相关的体适能两大范畴。即：良好的健康相关的体适能可让身体应付日常工作、余暇活动和突发事件；与运动相关的体适能是可以确保运动员运动表现和成绩的能力，其目的在于取胜及创造纪录。在国内1984年由上海辞书出版社出版的《体育辞典》一书中"体能"词条算是我国大陆学者对体能概念所作的较早的一种解释："体能是人体各器官系统的机能在体育运动中表现出来的能力。包括力量、速度、灵敏、耐力和柔韧等基本身体素质与人体的基本活动能力（如走、跑、跳、投掷、攀登、爬越和支撑等）两部分构成。"这一解释基本上与港、澳、台地区的体适能概念相同。

我国体育科学领域的学者关于体能的认识是一个不断深化的过程。在1990年以前的教材中基本不用体能一词，而是用身体素质的概念，与之相对应的训练内容被称作身体训练。如1981年版体育学院通用教材《体育理论》将运动训练分为身体训练、技术训练、战术训练、心理训练、智力训练和思想政治教育等六个方面的内容；1989年版全国体育学院通用教材《运动训练学》将运动员的竞技能力分为协调能力与技术训练水平、身体训练水平、战术训练水平、智能训练水平、心理训练水平、思想作风训练水平等六个方面，并对应六个方面的训练内容。直到20世纪末期出版的教材中才开始引入体能一词，如1998年出版的《项群训练理论》将运动员的竞技能力分为心、技、体、智四方面；2000年版的《运动训练学》教材在对运动员竞技能力的分析中沿用了《项群训练理论》的提法，并进一步说明，运动员体能是指运动员机体的基本运动能力，……运动员的体能发展水平是由身体形态、身体机能及运动素质的发展状况所决定的。

由上述可知，体能在运动训练学中就是指运动员在运动中身体的基本运动能力。在此之后又有大批学者就体能这一概念进行了深入的研究。

柳伯力等认为，体能是指运动员为提高技战术水平和创造优异运动成绩所必需的各种身体运动能力的综合。

赵志英等认为，体能应是指运动员在专项训练和比赛负荷下，最大限度地动员有机体机能对抗疲劳的能力。从某种程度上理解，这种能力就是专项耐力，或者也可以称之为持续从事专项工作的能力。

田麦久等认为，运动员体能是指运动员机体的基本运动能力，是运动员竞技能力的重要组成部分，运动员的体能发展水平是由身体形态、身体机能及运动素质的发展状况所决定的。

熊斗寅认为，体能是一个不确定的概念，有大体能和小体能之分，大体能即泛指的身体能力，包括身体运动能力、身体适应能力、身体机能和各项身体素质；小体能则是指运动训练中的体能训练和体能性项目等。

李之文则在《体能概念探讨》一文中提出，体能是经过身体训练获得的人体各器官系统的机能在肌肉活动中表现出来的能力，它包括身体形态的适应性变化和力量、速度、灵敏、耐力及柔韧等身体素质。

袁运平认为，体能是指人体通过先天遗传和后天训练获得的在形态结构、功能与调节方面及其在物质能量的贮存与转移方面所具有的潜在能力以及与外界环境结合所表现出来的综合运动能力。其大小是由机体形态结构，系统器官的机能水平，能量的物质储备与基础代谢水平及外界环境等条件决定的。

杨世勇等认为，体能是指运动员机体的运动能力，是竞技能力的重要组成部分，是运动员为提高技战术水平和创造优异运动成绩所必需的各种身体运动能力的综合。这些能力包括身体形态、身体机能和运动素质。

王兴等认为，广义的体能是指人们进行日常生活所必须具备的相应的基本生活能力。狭义的体能是指人们进行各项体育运动而相应具有的跑、爬、攀、登等竞技能力。

刘庆山认为，体能即身体能力，是指人体形态结构和各器官系统的机能积极适应运动训练、比赛以及日常生活需要的能力。在竞技运动中运动员体能主要表现为各项身体素质。

诸位学者关于体能的定义同样是根据不同需要而概括总结出来的，各有特点。分歧主要集中在表述的主体与主体的表现形式两个方面。我们认为体能不仅仅只适用于运动员，普通人群同样适用；一般人与运动员体能的区别主要是体能的水平和体能的专业性方面。一般人群的身体能力主要表现在日常生活中，而运动员的身体能力主要体现在体育比赛中。所以我们把体能定义为：体能是人体各器官系统的机能在日常活动和体育运动中所表现出来的身体能力。

（二）体能的基本构成

1. 身体形态

身体形态指人体的内外部形状。反映外部形态特征的指标有：高度（身高、坐高、足弓高等），长度（腿长、臂长、手长、头长、颈长、足长），围度（胸围、臂围、腿围、腰围、臀围和头围等），宽度（肩宽、髋宽）和充实度（体重、皮脂厚度等）等。反映内部形态的指标有：心脏纵横径、肌肉的形状与横断面等。

身体形态与运动成绩有密切联系，不同的运动项目对身体形态有不同的要求，而遗传和环境等因素对身体形态起着重要的决定作用，因此，选材时应从遗传等因素出发，把具有优越身体形态条件的儿童、少年挑选出来。身体形态在一定程度上反映着相应的生长发育水平、身体机能水平和竞技水平，身体形态在一定程度上影响着运动素质的发展。

影响身体形态的因素很多，如遗传、环境（自然环境、地理环境、气候等）、生活习惯、饮食等都会在一定程度上决定或影响运动员的身体形态，因此，身体形态的训练不能只从训练的角度出发，也应注意其他手段的运用。

2. 身体机能

身体机能指机体各器官系统的功能，它是身体活动能力的基础。某一机能水平直接影响着运动时所需要的某一方面能力。人体的生理机能主要包括中枢神经系统、心血管系统、呼吸系统、消化系统、生殖系统、内分泌系统、物质和能量代谢、感官、体温等。运动训练中经常涉及的身体机能指标主要有：心血管系统中的心率、血压、血红蛋白、心血管系统运动负荷（哈佛台阶试验）、心电图；呼吸系统中的肺活量、呼吸频率、最大摄氧量；肌肉结构中的肌纤维数量、长度、类型；感官功能中的视觉、听觉、平衡机能；高级神经活动类型，血睾酮等。

良好的身体机能是达到高水平运动成绩的先决条件，身体机能的许多指标既受遗传决定，也受环境影响，同时又有变异性，因此必须采用系统、科学的方法提高身体机能。身体机能的训练主要通过体能训练、专项训练的途径去实现。科学合理的体能训练、专项训练可以有效地发展运动员的身体机能；同时，运动员身体机能水平的提高又能有效地促进体能训练水平和专项成绩的提高与发展。

3. 身体素质

1984年中文版《体育词典》中指出，身体素质是指人体活动的一种能力。指人体在运动、劳动与生活中所表现出来的力量、速度、耐力、灵敏及柔韧性等机能能力。这条定义指出身体素质不仅仅包含人体运动的机能能力，而且也包含人体劳动和生活机能能力。

身体素质在体育运动中，可以看成是人体表现出来的力量、速度、耐力、灵敏以及柔韧等机能能力。这些机能能力在人体运动时主要表现为肌肉收缩力量的大小、完成单个动作频率的快慢、体位移动一定距离用时的多少、保持肌肉持续工作时间的长短、肌肉群之间活动的协调配合和各个关节活动范围的大小等方面。由于这些机能能力是在大脑皮质神经调节和有关组织器官的配合下以肌肉活动的形式反映出来，所以身体素质又可看成是人体在大脑及神经中枢调控下，通过肌肉的活动所反映出来的机能能力。

人与人之间身体素质的水平差别很大，即使同一个人在不同年龄段和不同条件下也会发生很大的变化。变化的形式主要有自然增长、自然减退和训练增长。通过对各种肌肉群进行不同形式的练习，能有效地提高身体素质或在一定程度上延缓身体素质自然减退的速度。

（三）体能的主要特性

1. 遗传获得

根据体能的定义我们可以清楚地得知，身体形态和身体机能是体能的主要构成，是体能的物质基础。运动员更是如此，没有合适的身体形态和身体机能，他很难适应这一项目，也很难在这一项目上取得突出的成绩，身体形态和身体机能在很大程度上表现为专项身体素质。例如，体操运动员不可能在相扑比赛中胜出，相扑运动员同样不可能在体操比赛中获胜。众所周知，身体的形态结构和身体机能状况受遗传的影响非常大，身体素质中某些指标同样取决于先天的遗传。学者曾凡辉等就遗传对体能不同指标的影响进行了研究，认为遗传对体能不同指标有影响，但影响的程度有所不同。

遗传为身体形态和身体机能的形成和发展提供了必要的生理生化和组织结构的物质基础，后天的训练是在先天遗传的基础上，根据运动需要，使部分体能指标得到一定程度的提高或完善它们的内部组合，但很难从根本上改变。例如，一个成年人即便经过长期艰苦的训练身高也不会发生大的变化。也就是说，体能的诸多指标有很大一部分是通过遗传获得，有些人即使没有任何训练，也可以表现出一定的运动水平，我们会说这人有运动天赋。

2. 后天训练影响巨大

体能水平主要是通过后天训练所获得，没有长期、系统、科学的训练，体能水平不可能有突破性进展。体能不同指标对运动负荷都有一定的适应性，经过长期、持续的有效训练，体能水平才能大幅度地提高，但是停止训练后已经获得增长的体能在停止负荷或较小负荷下会消退。我们从原理上进行一些分析。

首先，体能各个因子对运动负荷的适应。应激性和适应性是生物体最基本的生理特征之一。运动负荷的本质也是一种外部刺激，而且是一种非常强烈的刺激，并会导致机体非常剧烈的应答性变化。人们按照训练计划对机体有系统地实施运动负荷刺激，其目的并非仅仅希望引起身体发生剧烈的应答性变化，而是希望通过身体机能的变化，多多少少能够获得一定程度的身体机能和结构的改变。长期、良性的运动负荷刺激，运动员身体会通过“结构重建”和“机能重建”等过程，使其形态、结构和机能发生有利于运动能力提高的适应性变化，如肌纤维有所增粗，以产生更大的收缩力量；骨密质增厚、骨小梁的排列方向发生改变，使其能够承受更大的力量；糖原等能源物质的储备增加，相关酶的活性提高等。长期的运动训练过程实质上就是一个不断重复进行的刺激—应激—适应的过程，是一个身体结构与机能不断破坏与重建的循环过程，通过这个过程运动员的体能得到不断增强，因此体能训练要长期坚持。需要注意的是，机体对不适宜的运动负荷刺激也能发生适应性变化，其适应的结果往往不是我们所预期的，如长期安排大负荷运动而恢复不足，机体产生的适应性变化的结果并非我们预期的体能的提高，而是发生过度训练或过度疲劳现象，体能反而降低了，这是一种不良适应。

其次，体能发展的连续性与阶段性是指体能的各项能力在青少年生长发育过程中的自然增长并不是平衡的、匀速的发展，而是在某些特定的年龄阶段某一项或几项能力发展较快，呈现出在连续性基础上的阶段性特点，也就是平常我们所说的存在发展的敏感期。例如，儿童运动器官和神经系统的生长发育过程中就存在“头尾发展规律”，即首先发育的是头部运动，然后过渡到上肢运动，再发展到躯干运动，最后发展下肢运动。身体肌肉的发育顺序是：躯干肌先于四肢肌，屈肌先于伸肌，上肢肌先于下肢肌，大块肌肉先于小肌肉。研究表明，8～9岁以后，肌肉发育加快，15岁以后，小肌群迅速发育，15～18岁是躯干力量增长最快的时期。在肢体的长度和围度方面，一般长度先于围度。身体素质是机体器官和系统机能的综合表现，其发展也存在明显的阶段性，是各项体能指标发展的敏感期。

再次，体能可消退。体能训练所产生的适应性变化并不是一劳永逸的，而是随着负荷的停止会逐渐消退，消退的速度往往与获得的速度成正比。我们常可以看到运动员在退役以后，他的身体形态和身体机能都与在役时不可同日而语。有人做过实验，一组队员训练20周，每天练，力量增大100%后完全不训练，这种训练获得的效果在40周后完全消失；另一组训练45周，每周训练一次，力量增大70%，可停止训练70周后，已获得的力量训练效果尚未完全消失。可见已经获得增长的体能在停止负荷或较小负荷下会消退。这实际上对体能训练提出了要求，即体能训练必须全年不断进行，才会有预期的效果。

3. 体能内部因子的整体性与局部性

人体是一个有机的整体，是一个完整的系统。在运动实践中，力量、速度、耐力、柔韧和灵敏等身体素质在人体活动和运动中并不是孤立存在和发展的，它们彼此之间是相互影响、相互促进与相互制约紧密相连的关系。表现的形式主要是综合性和转移性。

综合性是指在从事体育活动中，很少有一种活动形式只要求一种身体素质参与工作，一般都是两种或两种以上的身体素质综合发挥作用。

转移性是指在发展身体素质的过程中，素质之间存在着转移性特点。素质间的转移是指发展某一种素质的同时，会对同类素质或其他素质的发展产生某种影响。

用分类学的观点看待各项身体素质间的转移，其转移的形式是不同的：从素质转移产生的效果，可分为良性转移和不良转移；从素质间的关系，可分为同类转移和异类转移；从转移的方式，又可分为直接转移和间接转移。

良性转移是指当一种素质得到发展时，会引起另一种素质相应提高，或在同一种素质中，从一种表现形式的发展转移为另一种形式，而其自身也得到良好的发展。例如，当人体某一部分肌肉动力性力量增加时，会引起这一部分肌肉动作速度的相应提高。又如，动作速度的加快，能引起人体位移速度的提高。

不良转移是指当一种素质得到发展时，会引起另一种素质的相应下降，或在同一种素质中某一种表现形式的转移，耐力和速度素质之间的转移，力量和速度素质之间的转移等。一般来说，异类转移的良好效果在素质水平较低的情况下作用比较明显，但素质水平到了比较高的程度，这种转移的效果就明显降低。

直接转移是指一种素质的发展会直接引起另一种素质的改变，或在同一种素质中产生直接的变化。例如，腿部伸肌动力性力量水平的提高，会直接使跑速或跳跃速度有效地得到提高。

间接转移是指一种身体素质的改变，不能直接促使另一些素质的提高，只是为它们提供了变化的先决条件，或在同一种素质中起间接的作用。例如，用静力方式发展的腿部力量，虽然不可能直接引起跑速的提高，但静力性力量训练能有效地提高肌肉的最大力量，并可以逐步转化为动力性力量，进而导致跑速的提高。间接转移要取得明显的效果所经时间比较长。

产生素质间转移的原因主要有三方面：其一，人体各器官系统是相互协同、相互联系、相互促进和相互制约的。运动员在运动中表现出来的某种素质又不是单单依靠某一个器官和系统，而是在中枢神经系统统一支配下，各器官系统机能综合作用的结果。其二，运动动作结构和机体肌肉工作特征的相似程度越大，素质间良性转移的可能性也就越大。其三，能量供应来源的同一性，素质提高的一个主要原因，是通过训练使有机体能量供应的状态得到改善。

二、体能训练的意义

我们前面着重谈论了体能的概念，那什么又是体能训练？体能训练就是指以发展运动员体能的训练，也就是运用科学的运动负荷刺激等手段，促使运动员的身体形态和机能产生适应性变化，以提高机体适应运动需要的能力训练。

在不同的运动项目中，体能对运动员竞技能力贡献的大小不同，但这并不能影响体能训练在运动训练中的基础地位。在现代运动训练的几项内容中，体能训练是其他各项训练的基础，没有良好的体能，技能训练、战术训练不可能取得良好的效果；没有高效的、坚实的体能训练，运动员竞技能力很难提高。

（一）增进健康、改善形态与机能

健康是运动员从事运动训练和比赛的必要条件，良好的健康状况是系统训练的根本保证，没有健康的身体，运动训练无从谈起。在现实生活中很多优秀的运动员都是因为健康问题而终止了自己的运动生涯，我国运动员这一问题尤为突出。众所周知，体育锻炼可以有效提高我们的健康水平，肥胖者也可以通过长期锻炼达到减肥、优化体型的目的。同样，系统的体能训练能够有效地提高运动员内脏器官特别是心血管系统、呼吸系统的机能，增强骨骼、肌肉、肌腱和韧带等运动器官的功能，并使中枢神经系统的机能得到明显改善；同时，对于克服人体生物惰性，促进新陈代谢都具有极为重要的作用。事实证明体能训练能够有效地提高机体对外界环境的适应能力和对疾病的抵抗能力，从而有效地促进运动员的身体健康。

（二）不断提高身体素质

现代竞技体育的运动水平不断提高，各个运动项目的世界纪录不断被刷新，可以想象运动员如果没有良好的身体素质，这些纪录不可能被打破。要充分发挥人体运动能力的潜力，在赛场上创造优异运动成绩，就必须最大限度地发展和提高力量、速度、耐力、柔韧、灵敏和协调能力等身体素质，体能训练正是实现这一目标的主要途径。通过系统的体能训练，能够有效地发展运动员的力量水平，提高速度和耐力素质，并使运动专项所需的柔韧性得到良好发展，获得更好的灵敏素质和协调能力，使专项运动素质得到最大限度地提高，一般身体素质得到协调一致的发展，为最大限度地创造优异的运动成绩打下坚实的基础。

（三）确保机体适应大负荷训练和比赛的需要

现代竞技运动竞赛频繁，竞争激烈，运动员要在重大国际比赛中夺取胜利，创造优异成绩，只有通过大负荷的运动训练，长期对有机体进行生物学改造，掌握娴熟的专项技术和战术才能达到。从第一届奥运会到现在，运动训练已经经过了自然发展阶段、新技术广泛运用阶段、大运动量阶段和多学科综合利用（即科学训练）阶段。科学训练的一个重要内容就是广泛运用现代科技成果与运动训练，科学系统地监测训练过程，并在此基础上保证大负荷训练。而大负荷训练要求运动员必须具有强健的体魄，良好的身体机能和心理适应能力。通过科学的体能训练能够为此打下坚实的基础，并使运动员在不断加大负荷的情况下，承担训练和比赛。

（四）有利于掌握复杂、先进的技术和战术

体能训练实际上是使运动员有机体各器官系统功能协调发展，具有完备的从事专项竞技运动能力的过程。不同的运动项目对有机体运动适应能力的要求是不同的。例如。短跑项目要求运动员必须具备突出的爆发力，良好的反应速度、快速移动速度和专项柔韧性，以及高度的对快速运动的协调能力；举重则要求最大限度地发展运动员的力量水平和专项动作速度，并对专项耐力、专项柔韧性和协调性有很高要求；体操、武术、拳击和球类等运动，则对各项身体运动能力都有很高要求，并且有些技术动作本身就是运动素质的综合表现。只有在充分发展各项身体能力的基础上，才能很好地掌握复杂、先进的技术。而体能训练正是实现这一目的的基本保证，只有通过体能训练，才能为运动员提供掌握复杂、先进的技术和战术的基础。

（五）创造优异成绩，延长运动寿命

竞技能力是取得优异运动成绩的主导因素，它是由体能、技能（包括技术和战术）、心理和智力等多个因素共同决定的。其中体能是其他几个要素的基础，因此可以说体能是竞技能力的物质基础。没有体能，技能就会成为无源之水，心理能力则成为无的之矢，竞技能力也就无从谈起。竞技运动的实践已经证明，出类拔萃的运动成绩是建立在雄厚的体能发展水平上的，体能的发展水平又取决于超强的心理能力、最大限度的身体形态专项化改变和生理机能水平的高度发展。体能训练对身体形态改变得越深刻，有机体机能发展水平越高，其衰退速度也就越慢，保持的时间也就越长。体能训练水平越高，运动员专项技术、战术发挥和保持的时间也会更长，运动水平衰退的速度也就更慢，运动员也就能更长久地保持高水平的竞技能力。

三、体能训练的主要内容

体能训练是现代运动训练的有机组成部分，也是运动训练中最为基础的部分。从体能的构成结构来看，体能训练包括对身体形态结构的改善、对生理机能的提高以及身体素质训练等几方面的内容。

但这并不等于说在体能训练实践中要把这几个方面的内容进行单独训练，事实上这也是不可能的，因为人体是一个有机整体，体能的各组成部分也是相互影响，相互制约，不可分离的。身体素质是机体神经系统的调节机能、身体形态结构、生理机能、能量物质储备和代谢以及各种化学酶活性的集中表现，所以，在体能训练中，常常以发展运动员身体素质的练习为主要训练内容。在具体的操作中体能训练的基本内容是充分发展与运动员专项运动成绩密切相关的力量、速度、耐力、柔韧、灵敏等运动素质，达到深刻影响和促进运动员身体形态和机能的改善，提高运动员的健康水平，为专项运动成绩和技术水平的不断发展奠定良好的基础。

在训练的实践中我们又把体能训练分为一般体能训练和专项体能训练。一般体能训练是指：运用多种非专项的体能练习手段，所进行的旨在增进运动员的身体健康，提高各器官系统机能，全面发展运动素质，改善身体形态，掌握非专项的运动技术、技能和知识，为专项成绩提高打好基础的训练。

专项体能训练是指：采用直接提高专项运动素质的练习，以及与专项运动有紧密联系的专门性体能练习，最大限度地发展对专项成绩有直接关系的专项运动素质，以保证掌握专项技术和战术并使其在比赛中顺利、有效地运用，从而创造优异成绩的训练。由于运动项目的多样化，专项体能训练的内容与方式有很大不同。

一般体能训练与专项体能训练的主要联系在于：一般体能训练是专项体能训练的基础，一般体能训练为专项运动素质的提高创造必要的条件；专项体能训练则是提高专项运动成绩的特殊需要，并直接为创造优异的专项运动成绩服务。随着专项水平的不断提高，一般体能训练所提供的基础及专项体能训练的要求也要随之改变，以适应专项水平提高后的要求。一般体能训练和专项体能训练总的目标是一致的，有时在训练实践中往往难以截然分开。

四、影响体能发挥的外部因素

（一）健康状况对体能的影响

健康并不仅仅指人体有病无病，它是一种状态。有时，运动员身体并没有病，但由于长期大运动量的训练、过度频繁的比赛导致疲劳积累，或长期精神压力过大，都会使他们处于一种亚健康状态。这种健康状态显然是不利于运动员体能水平的发挥。健康状态对体能的影响表现在：第一，不佳的健康状态可直接导致人体器官系统的生理机能下降；第二，不佳的健康状态更容易使大脑产生保护性抑制；第三，长期的亚健康状态可导致人体器官系统的形态结构发生病变。在训练和比赛中，教练员经常可以遇到这种情况，相似的训练负荷或比赛条件，在运动员身体健康状态好的时候与在健康状态不佳的时候对机体的刺激大不相同。在球类运动较为漫长的联赛过程中，由于长期的比赛疲劳积累导致运动员身体健康状况下降而直接影响比赛中体能发挥的例子也屡见不鲜。另外运动伤病也常常是困扰一些老队员体能表现的主要因素之一。

（二）技能对体能的影响

一般认为，运动员良好的体能是技能发挥的重要基础和保障。事实上，在比赛中运动员的技能对其体能表现也是有重要影响的，体能与技能的关系是相辅相成的。在比赛中，运动员的技能对体能表现的影响主要体现在两个方面：第一，良好的技能有利于运动员体能的充分发挥。第二，良好的技能有助于运动员体能的节省化。衡量运动员技能的标准主要有两个：一是合理性；二是经济性。合理性就是指技术符合人体解剖结构特点、生物力学原理和机能活动规律。经济性，简单地说，以消耗最小的能量达到相同的运动效果。经济性与合理性是分不开的，技术动作只有具备了合理性才会有经济性。娴熟合理的技术有助于节省体能是因为，熟练的技术是建立在大脑皮层兴奋分化和牢固的自动化基础上的，它可以有效地减少因兴奋泛化而带来的多余动作。熟练的技术是大脑精确支配肌肉收缩的结果，它使主动肌群、协同肌群和对抗肌群在运动时更加协调，使人体以精确的力量和速度，按照一定的次序和时间去完成所需要的动作，有效地减少了不必要的能量消耗，提高了能量的利用率。另外，良好的技术、战术能力还有助于运动员控制比赛的节奏，使比赛尽量按照自己的节奏进行，这不仅有利于自己体能的发挥，同时也避免了无谓的跑动，节省体能。

（三）心理因素对体能的影响

心理因素分智力因素和非智力因素两大类，智力因素主要包括认知能力、思维能力、想象力等，非智力因素包括兴趣、动机、情绪、情感、气质、性格、焦虑等。在训练或比赛中，运动员对自己体能状态的感知能力和操作思维能力等智力因素对体能的发挥具有直接的影响。在现代激烈的竞技体育运动中，运动员常常要在落后的情况下，在逆境中进行艰苦的比赛，此时运动员良好的心理状态和自我调节能力往往成为夺取胜利的关键因素。良好的心理状态和较强的自我心理调节能力有助于最大限度地激发运动员的生理潜能，完成比赛任务；而不良的心理状态或自我心理调节能力差，常常导致思想包袱过重，心理压力过大，比赛过度紧张，从而使身体产生抑制，不利于体能的发挥。运动员在训练比赛中，在消耗巨大生理能量的同时，也必须付出巨大的心理能量，他在承受生理负荷的同时，也在承受着心理负荷。那些意志力顽强的运动员在比赛中更容易战胜疲劳，而那些意志力较差的运动员，往往会提早产生疲劳而无力坚持下去。

（四）生物节律对体能的影响

在长期的生活工作习惯中，人们的生理功能和注意力随自然界昼夜各时刻的变化，按一定的时间顺序发生有节奏的变化。工作能力在白丘有两个最高阶段，而午夜后至凌晨3时进入最低阶段，其他生理功能也发生相应的变化。苏联学者瓦西里耶夫研究发现，睡眠和值夜班后，力量比白天降低20%～30%。人刚睡醒时，感觉身体松弛，甚至不能握紧拳头。随着醒后时间的增加，体能也逐渐增强，经过3～5个小时后达到最高水平。中午进餐和休息后又有下降，下午3时以后，体能水平出现第二次高峰。人体有很强的适应性和可塑性。如果训练的作息时间变化，经过一段时间后，体能也会表现为另一种变化曲线。所以，在体能训练中要注意检查和培养运动员对生物节律变化的适应能力。在世界大型比赛中，优秀运动员的比赛往往安排在晚上7时至9时，对训练有素的运动员来说，这不仅对他们没有什么障碍，反而会成为良性刺激，有利于创造优异成绩。

（五）比赛环境对体能的影响

比赛环境主要包括比赛的自然环境、比赛的场地设施环境和比赛的人文环境等几个方面。比赛的自然环境包括比赛所在地的气候条件和海拔高度等方面，如温度、湿度、天气、平原、高原等。比赛的场地设施环境包括比赛的场地和设施两个方面，如足球场的草皮、篮球馆的地板、田径场的跑道、体操馆的设备等。比赛的人文环境包括比赛的制度安排、比赛文化的氛围、比赛观众以及裁判等。如果运动员不能很好地调节由此带来的心理压力，也往往会适得其反，影响体能的发挥。

（六）保障手段对体能的影响

保障手段包括训练比赛中的保障手段和日常保障手段。保障手段可为运动员体能的发挥创造一个最佳条件。如搏击类比赛护具可使运动员放下心理负担，放手一搏；饮食保障可使运动员得到训练比赛所需的科学营养补充；起居保障可使运动员在训练比赛前后得到一个较好的休息环境；较好的交通保障可减少运动员旅途的劳累；恢复手段可保证运动员在训练比赛后机体得到积极的恢复，甚至超量恢复，为下一次的训练比赛做好准备。现代竞技体育，比赛水平越来越高，比赛密度越来越大，赛季越来越长，训练越来越残酷，因此保障手段也显得越来越重要。如足球、篮球等运动项目的职业联赛赛季长达几个月，还要转战南北，体力和精神消耗很大，完善的保障手段对运动员在赛季中保持良好的体能状态具有重要作用。

五、体能训练的基本原则

训练原则是训练客观规律的反映，是依据运动训练活动的客观规律而确定的组织运动训练所必须遵循的基本准则。所谓训练规律也就是指运动系统内部各构成因素之间，以及它们与外部诸因素之间在结构与功能上的本质联系和发展的必然趋势。

（一）系统训练原则

系统训练原则是指持续地、循序渐进地组织运动训练过程的训练原则。从开始训练到创造优异成绩，直至运动寿命的终结的长期过程中，都应依据体能发展的内在规律，作出相应的合理规划，持续不断地进行训练。

系统的持续训练是取得理想训练效应的必要条件，人体对训练负荷的生物适应必须通过有机体自身的各个系统、各个器官、各部肌肉乃至每个细胞的变化，逐步去实现。但是当训练的系统性和连续性遭到破坏而出现间断或停顿的时候，已得到的训练效应也会消退以至完全丧失。比如力量、速度及耐力等素质的改变，训练一旦停止，这些运动素质消退得很快，特别是通过强化的力量训练手段所取得的训练效应消退得更快。为了避免体能的消退，克服训练效果的消退，必须在训练效应产生并保持一定时间的基础上重复给予负荷。

人体在训练负荷下的生物适应过程，不仅是长期的，同时也是有阶段的。机体对一次适宜训练负荷的反应，可分为工作、疲劳、恢复、超量恢复和训练效应消失等几个阶段。在更长一段时间的跨度内，如几个月至一年的训练过程中，运动员机体能力的变化同样经历着不同的阶段，这就是竞技状态的形成、保持和消失三个阶段。为了在重要比赛中创造优异的成绩，运动员总是力求通过科学的训练与安排，使自己从心理上和生理上做好充分的准备，在比赛中最大限度地动员机体的潜力，把自己在训练中获得的竞技能力最充分地发挥出来，创造优异的成绩。科学制订的训练计划，是保证训练的连续性、取得理想训练效果不可缺少的重要因素。

系统性原则是依据训练适应的产生、发展与消退规律以及体能发展的连续性和阶段性等属性提出来的。在训练实践中贯彻这一原则应做到对整个训练过程的体能训练不仅要系统规划，针对多年训练不同发展阶段的体能训练，从内容、比重、手段、负荷等方面也应作出系统安排，尤其是在青少年时期以及达到高水平以后，更应该周密考虑。人的生长发育在不同年龄阶段具有不均衡性，青少年身体素质的发展具有敏感期。在此阶段应抓住有利时机，采取相应内容的体能训练，对处于敏感期的素质优先发展，充分挖掘其潜力，为高水平阶段打下基础。当达到高水平以后，运动员的身体形态和机能改造已达到相当的水平，各项身体能力处于一个相对稳定的状态，但这并不一定说是一个完全理想的状态，这时候的体能训练应该在准确体能诊断的基础上，有计划、有针对性地安排训练负荷，探索进一步发展的可能性。

（二）适宜负荷原则

适宜负荷原则是指根据运动员的现实可能和人体机能的训练适应规律，以及提高运动员体能能力的需要，在训练中给予相应量度的负荷，以取得理想训练效果的训练原则。

适宜运动负荷原则是根据机体对运动负荷适应的专门性、有效性和劣变性以及人体在运动时物质、能量的消耗与恢复等规律提出来的。人体器官组织对负荷应激所产生的适应具有明显专门性的特点。例如做负荷深蹲的力量练习时，只会影响腿部伸肌肌群的力量，而对于腿部屈肌肌群及其他肌群的影响却很小。同样，不同的负荷组合对人体供能系统的影响也存在专门性特点。时间短、强度大的运动主要对无氧供能系统产生效应，而对有氧供能的影响则很小。因此，发展专项素质首先必须提高专项所需要的特殊生理机能，为达到专项训练目的，练习中应考虑到训练方式的专门性特征，所选用、设计的练习从动作结构、参与运动的肌群以及能量供给特征等方面，必须尽可能与专项素质相吻合才能达到训练效果。

人体对负荷的适应还有一个有效的范围，机体对适宜的负荷产生适应，但如若负荷过小，不能引起机体必要的应激反应；而在过度负荷作用下则会出现劣变反应。

因此，在体能训练中必须根据训练任务和对象水平，科学地规划训练负荷，做到逐步并且有节奏地按照人体机能适应规律加大运动负荷，直至最大限度地适应。

按照“加大—适应—再加大—再适应”的增量方式，合理地逐步加大训练量和训练强度，有效地促进机体形态发展和机能改善，提高运动水平。在训练过程中，既要遵循超负荷原则，又要注意防止过度训练引起机体的劣变反应。要根据训练对象的实际水平，有节奏地增加运动负荷，逐步提高，妥善处理负荷量与负荷强度、负荷与恢复的关系，使每次训练在机能得到“超量恢复”的提高阶段进行。还要按照各项素质的特点来合理安排负荷，如速度力量性训练的特点是强度大、数量少；耐力性训练的特点是数量多、强度小等。

（三）全面训练与结合专项训练原则

全面训练原则是指在体能训练的过程中，应全面地安排和发展运动员各项身体能力，特别是在儿童和青少年时期，应全面发展运动素质，提高一般身体机能水平，以促进专项运动成绩的全面提高。全面性原则的主要依据是：第一，人体是一个各器官系统组成的相互依赖，相互制约的整体，与此相对应，体能的三个组成部分也是相互影响、相互制约的，体能训练所追求的各种适应性变化也自然是相互依存的。因此在体能训练中必须运用正确的、全面的训练方法，使发展技术与战术所要求的所有身体形态、机能与心理能力得到全面发展。第二，作为体能集中表现的力量、速度、耐力、柔韧、灵敏等各项运动素质也是相互影响、相互制约的，而广泛的、全面发展的运动素质是运动员达到高水平专项运动水平的基本前提和基础，因此在早期训练阶段，必须全面提高运动素质。

结合专项原则是指在一般训练的基础上，体能训练必须根据各运动项目的技术、战术和专项能力特点充分发展专项所需要的运动素质，以促进运动员直接创造优异运动成绩。其主要依据是：首先，体能训练的作用最终要体现在创造优异运动成绩这一终极目标上，因此体能训练不能偏离运动专项。其次，技术、战术练习是专项训练的重要内容之一，体能训练只有与专项技术、战术训练有机结合，能真正达到体能训练的目的，加快体能训练的进程，实现在体能训练中完善和检验技术、战术，在技术与战术训练中巩固体能。结合专项进行体能训练有助于使运动员在身体形态以及机能方面对该项目的特殊要求产生适应。为此，在训练中要根据运动项目的特点和运动员的实际情况，科学地确定体能训练与专项训练的比重；体能训练的内容与手段也必须突出重点，紧密结合运动专项需要；要确定和充分发展与专项密切关联的最重要的运动素质和机能，做到有针对性的练习。

（四）区别对待原则

区别对待原则是指对于不同专项、不同的运动员或不同的训练状态、不同的训练任务及不同的训练条件，都应有区别地组织安排各自相应的训练过程，选择相应的训练内容，给予相应的训练负荷的训练原则。针对不同运动员训练中的个体差异性实施区别对待，是运动训练应遵循的重要原则之一。运动训练的效应，要通过运动员机体的变化予以表现，而每一名运动员的心理和生理状况、形态、发育特点，技术、战术能力以及素质、智力水平都各不相同，要想使训练工作取得理想的效果，就必须认真处理好运动训练过程组织的集群性与个体性之间的关系，考虑到运动员的个人特点，区别对待，有针对性地组织运动训练过程。

不同专项运动员的体能特点，受多种因素的影响，但平时专项性训练起到决定性因素。在心理、形态等方面，不同的运动项目也有着不同的要求。因此在选择训练内容和手段时，就必须注意到不同项目专项竞技的不同需要，区别对待，有计划地实施，另外，不同项目运动员个人特点表现出多样性。运动员的个人特点，包括性别、日历年龄、生物年龄与训练年龄、竞技水平、生理和心理特点、身体状况、情绪等，这些方面都对训练的安排提出了不同的要求。即便是同一名运动员的训练状态在不同阶段、不同时刻的表现，不同训练环境和训练条件也都对训练的内容和组织实施提出不同的要求。因此，训练中一定要做到全面了解、掌握和分析训练对象的具体情况，制订出符合个人特点的训练计划，根据不同专项所需要的身体素质和不同训练阶段的任务、要求，有区别地安排训练。

（五）适时恢复原则

适时恢复原则是指在训练结束后及时消除运动员在训练中所产生的疲劳，并通过生物适应过程产生超量恢复，提高机体能力的训练原则。在运动员疲劳达到一定程度时，应依照训练的统一计划，适时安排必要的恢复性训练，采取有效的恢复措施，使运动员的机体迅速得到充分的恢复和提高。

人体机能能力和能量储备由负荷后暂时下降和减少的状态回复到负荷前水平的过程，称为恢复。在恢复过程中，能源物质的补偿在一段时间内超过原有水平，这种现象叫作超量恢复。超量恢复持续一段时间后再降回到原有水平，即完成了一次训练负荷后恢复的全过程。在一定范围内，运动负荷越大，消耗越剧烈，恢复过程就越长，超量恢复也越明显。正是由于运动训练能引起超量恢复效应，使得运动员竞技能力的提高成为可能并为之奠定了物质基础。所以，运动训练中的恢复，并不是满足于达到先前水平的恢复，而是要追求超量恢复。训练中掌握好关键性的时机是非常重要的。练到什么时候该“休息”，疲劳到什么时候该“调整”，必须准确地予以把握，才能保证训练的成功。训练疲劳对机体的刺激若达不到必要的程度，没练多少就进行调整、恢复，这样就不会取得理想的训练效果。准确判别疲劳程度，是适时恢复的必要前提。运动员疲劳程度的判别，通常是根据自我感觉和外部观察来进行的，也常常采用一些比较客观的生理和心理测试方法。

第二节　大学生体育锻炼的健身处方

高校是培养人才的重要场所，肩负着全面培养大学生综合素质的重要任务。近年来，由于学习任务重、体育锻炼时间少等原因，大学生体质不断下降，而大学生的体质与体育锻炼有直接的关系。在提高大学生的体质方面，采用何种运动策略已成为高校体育研究和探讨的热点之一。

一、运动处方的概念

美国生理学家卡波维奇在20世纪50年代首先提出了运动处方的概念。运动处方是以人体生理学为主要理论依据，以锻炼者的身体测评数据为基础，按照科学健身的原则，为锻炼者提供系统化、个性化的运动方案。运动处方通过科学的实施锻炼计划，从而提高锻炼者或病人的体质，并达到身体素质全面发展的目的。采用运动处方进行锻炼既具有较强的针对性，又有利于锻炼者或病人进行自我调控和自我评价。

二、运动处方应用于大学生体育锻炼的意义和作用

（一）有利于促进《国家学生体质健康标准》在高等院校中的实施

各个高校的体育教研组在对学生进行体质测试后，根据测试结果给出个性化的运动处方，从而可以对大学生的体育锻炼进行有效的指导，以达到提高大学生身体素质的目的。《国家学生体质健康标准》是一项促进广大学生参加体育锻炼、增强体质的国家战略。将运动处方应用于大学生体育锻炼不仅能提高大学生的身体素质，还有利于促进《国家学生体质健康标准》在高等院校中的实施。

（二）有利于培养大学生终身体育的意识和能力

运动处方应用于大学生体育锻炼，短期目标是提高大学生的身体素质及运动能力，改善大学生的身体状况，增强大学生的体质健康。长期目标是帮助大学生掌握某一方面的体育理论知识和某项运动的运动方法，形成正确的自主体育意识，使大学生自己能够制定正确的运动方案，养成良好的体育锻炼习惯，最终形成正确的终身体育意识和能力。

（三）有利于在高校体育教学中贯彻《全民健身计划（2016—2020年）》

国务院印发的《全民健身计划》（下称《计划》）规定国民体系的基础是学校体育，高等学校体育教育的目标是让大学生掌握体育的基础知识和基本技能，掌握参加体育锻炼的方法和手段，从而养成良好的体育锻炼习惯，为以后大学生走向社会形成终身体育意识打下良好的基础。将运动处方应用到大学生体育锻炼中，有利于培养大学生自我实施运动处方的能力，包括体育锻炼的方法、体育锻炼计划的制定以及运动处方的自我设计等。通过大学生自我实施运动处方的过程，可以提高大学生的保健意识，也有利于在高校体育教学中贯彻《计划》。

（四）有利于提高大学生的学习效率

很多大学生在校期间并不重视体育锻炼，把过多的时间放在学习上，导致身心疲惫，身体健康水平下降。作为新时代的大学生，不仅要学好专业知识，还要学好体育知识，掌握一定的运动技能。运动处方应用于大学生的体育锻炼，可以培养大学生自我实施运动处方的综合能力，以达到提高大学生自我锻炼和自我保健的目的。科学的体育锻炼可以提高神经细胞的灵敏性，增强神经反射过程的强度均衡性，并能够增强神经细胞工作的耐久力，从而改善神经系统的功能，提高大学生的学习效率。

（五）有利于提高大学生的心肺功能

心肺功能是衡量大学生身体素质的一项重要功能指标。针对大学生心肺功能的特点，在体育锻炼中设计合适的运动处方，可有效提高大学生的心肺功能。例如，在体育锻炼中以健美操为核心的运动处方可有效改善大学生的循环系统和呼吸系统，可有效提升大学生的肺活量、心排血量、心指数等心肺功能指标，对大学生的心肺功能具有显著的改善作用。

（六）运动处方可有效改善学生的身体形态和身体成分

大学生都希望能拥有完美的身体形态，例如男生希望拥有发达的四肢和健美的体型，女生则希望拥有修长的体型和紧致的腰身。运动处方可以根据学生当前的身体形态和锻炼目标，设计出符合不同要求的锻炼计划，以达到改善大学生身体形态的目的。人的体重可分为两部分：脂肪重和去脂体重。其中，脂肪重是决定大学生体重变化的主要因素。制定合理的运动处方，可以提高脂肪的供能比例，体脂的比例会随之下降，从而使大学生的身体成分更加合理。

三、运动处方在大学生体育锻炼中的实施

运动处方在大学生体育锻炼中的实施要遵循三个步骤：身体检查、运动处方的制定和运动处方的检验。

（一）身体检查

在运动处方制定之前，首先要对大学生进行身体各方面的检查，既需要临床方面的各项检查，又需要对大学生进行运动负荷的测定。然后，根据检查的结果对大学生的身体状况进行分析，全面评价学生的身体承受能力、运动能力等情况。

（二）运动处方的制定

根据检查结果和科学锻炼身体的基本原则，制定大学生体育锻炼的运动处方。运动处方的制定要考虑到运动强度、运动频率、运动持续时间等多个因素。确定运动强度是运动处方制定过程中较为困难的一部分，一般认为最佳锻炼效果是完成人体最大做功的 60% ～ 70%，国际上通常采用的最佳运动心率计算公式为（220 – 年龄）乘以 65% ～ 85%。运动的持续时间由运动

强度决定，运动强度越大，持续时间越短。对于当前大学生，锻炼的时间15～60分钟最合适，达到最佳运动心率的时间应为5分钟。大学生每周的运动频率3～4次最合适，最低不能低于2次。在制定运动处方过程中，不仅要考虑到大学生的生理特点，还要考虑到大学生的心理特点，要注重体育锻炼的娱乐性，同时还应考虑到大学生终身体育习惯的建立。

（三）运动处方的检验

在运动处方实施一段时间后，还须对大学生的各项身体素质进行再测试，以此来检验运动处方实施的效果。通过对运动处方实施后和实施前大学生测试的体能数据的比较，从而对运动处方的内容进行科学的评价，并及时修改和优化其中存在的问题和不足。然后，再将修正的运动处方运用到大学生下一阶段的体育锻炼中，从而不断提高运动处方的科学性和高效性。

大学生的身体素质和健康水平关系到祖国的未来和民族的希望。运用运动处方指导大学生进行体育锻炼，根据他们的生理和心理特点制定锻炼计划，可有效促进大学生身心健康水平和身体素质的提高，并能够使他们持之以恒地锻炼身体，养成终身体育锻炼的好习惯。

第五章　大学生体育锻炼的理论与方法

第一节　体育锻炼的理论

一、体育锻炼的概念和意义

体育锻炼是指运用各种体育手段，结合自然力（日光、空气、水）和卫生措施，以发展身体、增强体质、调节精神和丰富文化生活为目的的身体活动过程。人类的进化历史表明，人体的发展与所有动物体一样，是遵循“用进废退”的规律而变化的。荟萃古今中外的养生之道，归结到一点，就是“生命在于运动”。

纵观身体发展的生命历程，影响身体健康的因素是多方面的。人人向往健康长寿，但并非都能如愿以偿。实践证明，体育锻炼必须讲究科学，按其本身固有的特点，去探明它的理论依据、锻炼原则和方法，选择有效的锻炼内容，安排可行的锻炼计划，才能获得最佳的锻炼效果。

二、体育锻炼的理论依据

体育锻炼的理论依据主要有：锻炼过程的新陈代谢理论、运动负荷的价值阈理论和个体适应环境能力动态平衡理论等。

（一）锻炼过程的新陈代谢理论

生命现象的新陈代谢是一个十分复杂的过程，人的机体是由细胞、系统、器官和组织组成的。细胞是机体结构与功能的最小、最基本的单位。新陈代谢一般是指有生命的物质与周围环境进行交换和自我更新的过程。人体在进行物质代谢的同时，也进行着能量的转换。

体育锻炼等身体活动是促进新陈代谢的一种刺激，能引起组织产生兴奋，加速物质代谢和能量转换。身体活动必然增加能量消耗，出现代谢的不平衡。科学家已经揭示：体育锻炼能增强体质是由于身体活动引起能量物质的消耗，随后便能引起同化作用的加强，加速恢复过程，可使体内活动细胞内部得到更多补充，合成新的物质，使有机体获得旺盛的活力，从而促使机体得以发展和发达。体育锻炼是经过科学的身体活动，使机体向着完善的方向转化，这就是体育锻炼可以增强体质的生理过程和理论依据。

人体的发展代代相传，存在着遗传变异，但遗传是相对的，变异是绝对的。因此，人体存在着人种和种族体质的差异。遗传学家的研究表明，人体在正常体征和生理功能方面，如肤色、发色、眼型、鼻型、身高、体重、体型、血型等都是遗传的，但又是渐变的，总的趋势是“用进废退”。因此，可以设想，提倡体育锻炼，是塑造未来、完善身体和改善民族体质的积极手段之一。

（二）运动负荷的价值阈理论

运动负荷价值阈，是指按一定的心率区间去确定运动负荷的计量标准。体育锻炼要针对个人的不同特点安排运动负荷，不可能有一个最佳运动负荷价值阈的绝对标准，但正常人之间的差异均较接近，所以，运动负荷价值阈对多数人来说，具有普遍的现实意义。近年来，国内外的学者普遍重视对运动负荷价值阈理论的探讨和实际运用。有些国家采用电脑控制仪、心电图记录器和基础体力测定器等装置，为体育锻炼提供健康变化的各种数据。

在体育锻炼过程中，达到心脏每博输出量极限的程度，需要有一段发动期。随后，心脏每博输出量急剧上升，再经过一段时间，心脏每博输出量达到极限。从心脏每博输出量急剧上升，到心脏每博输出量极限，这段数据称为心脏每博输出量极限区间。心脏每博输出量极限区间低值和高值之间，即为运动负荷的有效价值阈范围。体育锻炼在这个区间内波动，并达到锻炼时间的 2/3 左右，可取得理想的锻炼效果。

从有利于增强体质的理念出发，一般人的体育锻炼，应以有氧代谢为主，中等强度为宜。学术界曾提出如下的结论，即：心率在 110 次 / 分以下时，机体的血压、血液成分、尿蛋白和心电图等都没有明显变化，健身的价值不大；心率在 130 次 / 分的运动负荷时，每搏输出量接近和达到一般人的最佳状态，健身效果明显；心率在 150 次 / 分的运动负荷时，每搏输出量开始出现缓慢下降；心率增加到 160 ～ 170 次 / 分时，虽无不良的异常反映，但亦未能呈现出更好的健身迹象。因此，通常把一般人的健身效果的最佳区间定在 120 ～ 140 次 / 分的心率之间。而每次锻炼心率保持在 120 ～ 140 次 / 分的时间，占每次锻炼总时间的 2/3 左右效果最佳。

生理学实验证明：心率在 140 ～ 180 次 / 分时，每分输出量最大。因此，在体育锻炼中，安排强度较大、持续时间不长的无氧代谢，对提高负氧债能力的锻炼也有一定的意义。

对上述结论的分析，还必须注意到由于年龄、体质的不同，所承受有氧代谢的运动负荷也应有所不同。国外运动负荷的计量标准有以下几条：①卡沃氏的公式，即接近极限负荷的脉搏次数减去安静时的脉搏次数乘以 70%，再加安静时的脉搏次数；②以脉搏频率 150 次 / 分以下（平均 130 次 / 分）的运动负荷为指标；③以 180 减去锻炼者的年龄数作为锻炼者每分钟的平均脉搏数。采用这三种方法所得出的数据与最佳价值阈相近，但不论采用何种计量方法，都必须考虑的是自我感觉要舒适，并以不影响正常的工作、学习和生活为准。

（三）人体适应环境能力的动态平衡理论

适应环境能力，是指人体在适应外界环境中所表现的机能能力，它包括对客观环境的适应能力和对疾病的抵御能力。

客观环境包括自然环境和社会环境。环境的变化常给人体发展带来多方面的影响。良好的环境，促进人体朝着健康的方向发展；恶劣的环境，妨碍人体的正常发展，甚至可能危及人们的生命安全。人体发展的首要条件是，不断地与客观环境取得动态平衡。人是万物之灵，不仅能消极地适应环境，而且更主要的是能积极地改造环境，并利用环境来为人类服务，从而为人体的完善发展创造条件。

日光、空气和水等自然因素是生命的源泉，人体的发展一刻也离不开它们。人体是恒温的有机整体，只有保持在37℃的体温条件下，才能保证生理功能的正常运行，上下逾越1℃以上，就意味着有病征，而光照、气温、风速、湿度、气压等气象条件，却总是变化的。为了适应自然环境的变化，人们除了采取积极的御寒防暑手段外，关键在于通过改善营养和进行体育锻炼等，使机体内部的产热和散热过程更加旺盛，体温调节机能更加灵敏。实践证明，广泛利用自然因素，不仅能有效地改善机体的体温调节能力，而且具有多方面的健身价值。为此，体育锻炼最好在阳光和煦、空气新鲜的户外进行，并可根据需要与可能，采用日光浴、空气浴和冷水浴等锻炼形式。

人体的生存和发展离不开社会环境，并受物质条件的制约。不同的社会制度和历史阶段，不同的经济地位，都对人体发展产生综合的影响。这种影响不仅限于肉体，而且波及精神，时时事事都起着或大或小的作用。在具体的社会环境中，不同的劳动方式、职业工种、生活习惯、体育锻炼、休息娱乐等，也都是构成环境条件的重要因素，都对人体发展产生直接或间接的影响。

实践证明，在自然因素和社会环境基本接近的前提下，能否坚持体育锻炼，对人体与环境所表现的动态平衡能力存在着明显的差异。

第二节　体育锻炼的基本原则

体育锻炼以增进健康、增强体质、丰富文化生活为目的，使身体朝着更完善的方向发展。所以体育锻炼必须与掌握的体育知识、技能相结合，以科学理论为依据，遵循人体发展规律，否则会适得其反。

一、自觉性原则

人体的发展、身体素质的提高是一个长期的积累过程，只靠一朝一夕的努力是达不到的，因此体育锻炼需要自觉性。比如有的学校要求每天早锻炼，这是在同学们尚未养成自觉锻炼习惯情况下的规定，其目的是培养同学们的锻炼习惯。同学们开始也有一定的积极性，但当天气转冷、快考试及学习任务加重时，就会退缩，自觉性不强。只有提高对体育的认识，明确锻炼的目的，把自己的个人需要与社会承担的责任紧密结合起来，才会自觉塑造自己成为全面发展的人。经过锻炼并从中受益，如娱乐身心、增进健康水平等，才会把锻炼逐渐作为个人需要并自觉参加。

大学生已经接受了十余年的体育教育，应该说对体育锻炼的认识和要求具有一定的基础，而且不少同学已经养成了习惯，但是还有相当一部分同学不能自觉参与。在此希望这些同学赶快行动起来，当你从体育锻炼中获得快乐和健康时，它将成为你自觉的行动。人体的活动由中枢神经指挥和控制。长期从事脑力劳动的人，中枢神经系统主管思维的大脑皮层长期处于兴奋状态，会产生疲劳，效率下降，此时如适当进行体育锻炼，使大脑皮层得到抑制、休息，兴奋点转移至运动中枢，然后继续学习，其效率会大大提高。从一天正常的 8 小时学习与工作中抽出 1 小时进行体育锻炼，其效果大于 8 小时不间断地学习与工作。

二、全面性原则

人体是统一的有机体，各个组织、器官、系统之间相互联系、相互制约。体育锻炼的主要目的是促进人体体质的全面发展。尽管体育锻炼的形式、内容、手段是多种多样的，但在选择和使用上都不能脱离全面性原则，否则，将会导致身体发展不协调。比如目前很多年轻人注重塑造自己的体型，喜欢健美运动，运用各种力量练习，发展身体各部分肌肉，使肌肉结实、比例匀称，但他们往往忽视心肺功能、耐力的练习，造成心肺功能的发展落后于体型发展。这种锻炼是不科学的，也是不全面的。

《国家体育锻炼标准》在贯彻体育锻炼全面性原则方面有一定的要求。每一个参加者，必须在速度、耐久力、弹跳、投掷、力量等方面均达到最低标准，如果有一项没有达到最低标准，其他方面分数再高也不能评定达标等级。其指导思想就是要求参加者要进行全面的身体锻炼，得到全面发展。

全面锻炼不是要求每人从事所有项目的锻炼，而是通过某些项目的锻炼，使身体得到全面均衡的发展，尤其应当注意身体薄弱环节的锻炼。

三、渐进性原则

人体为适应体育锻炼的需要，在其组织和功能上会发生一系列变化，这是一个逐步适应、提高的过程。人体这一生理特点要求人们在进行身体锻炼时要遵守循序渐进的原则，如果违背这一原则，不仅收不到预期的锻炼效果，反而会有损身体健康，甚至发生伤害事故。人体由静止状态进入运动时，不可能一开始就能发挥机体的最高工作能力，需要一个逐步提高的适应过程，这是人体的基本活动规律。在体育锻炼时，运动负荷要由小到大，动作要由易到难、由简到繁。不仅在一次锻炼中如此，在长期锻炼上也要体现循序渐进的原则，既不能急于求成、拼命蛮干，也不能长期保持、停滞不前。

四、经常性原则

人体锻炼要“持之以恒”“贵在坚持”，是人们总结出来的宝贵经验。人体结构和功能的变化是逐渐积累、提高和完善的，只有坚持经常性的体育锻炼，才能使这些变化巩固和扩大。骨骼的坚实、韧带的牢固、肌肉的粗壮、肺活量的增大等都是通过肌肉活动进行反复多次的强化而实现的，只靠一两次锻炼是不可能实现的。如果断断续续地锻炼，而不是持之以恒，前次的作用痕迹已经消失，后一次的积累性影响就小了。研究证明，肌肉组织 72 ～ 96 小时不进行适当的超负荷训练，肌肉就会逐渐变弱变小；每周一次力量训练只能保持原有力量，每周两次训练可以增加力量。只有持之以恒才能取得良好的锻炼效果。学生每周坚持两课、两操、两活动，即每人每天有一小时的体育活动，这是有科学根据的，符合经常性原则；相反突击性的锻炼和比赛对身体不仅无益，而且还容易产生运动损伤和过度疲劳。

五、差异性原则

人体生理结构虽然基本相同，但由于年龄、性别、身体功能、基本活动能力等方面存在个体差异，所以进行体育锻炼时，在选择锻炼的内容、方法、运动负荷等方面也应有所区别，要因人而异，区别对待。比如采取男女生分班上课，就是看到男女之间的差异而采取的区别对待；再比如为体质较差的同学开设素质班，采取选项课等都是按照差异性原则进行区别对待的具体体现。个人进行体育锻炼时，也应注意这一点，特别是体质较弱和锻炼基础较差的同学更应如此。体育锻炼的五项原则是相互联系、相互制约的，不能片面强调某一原则，而应把五项原则紧密联系起来，只有这样体育锻炼才能收到显著的效果。

第三节　体育锻炼的内容与选择

体育锻炼所选择的项目不同、内容不同、方法不同，对人体产生的影响也不相同。不同的运动项目、方法具有各自的特征，有的可以提高身体素质、增进健康；有的可以强身自卫、调节精神、丰富文化生活；有的可以防病、治病、消除生理功能障碍。每个参加锻炼的人应根据个人年龄、性别、身体条件、兴趣爱好、专业需要和时间、场地、器材等情况，选择锻炼项目、时间和方法。

一、体育锻炼的时间选择

什么时间进行体育锻炼效果最好，由人体一天中的生理变化规律，每天工作、学习、生活时间的安排和锻炼目的等决定。有人认为早锻炼最好，其实不然。人体刚从睡眠中醒来，机体没有达到最佳的工作状态，特别是从晚饭到清晨有十余个小时，人体能量贮备较低，因此晨练运动量不宜太大。如果要进行时间较长、运动量较大的活动，如登山、越野跑等，应补充一些富有热量的食物。早晨的空气质量也不好，早锻炼应选择开阔地带，远离污染源。对于有心血管系统病的人和年纪较大的人来说还要格外小心，清晨是心血管疾病的高发时间，尤其是寒冷的冬季，血管变细变脆更要注意。早晨适宜慢跑、散步等。

体育锻炼选择什么时间为好呢？

一是上午学习与工作两个小时以后，即常说的课间操、工间操时间。这时大脑出现疲劳，尤其在多人听课的大教室上课，经过两节课后，教室空气质量很差，到室外做广播操、韵律操，打拳，跳绳，这对松弛高度兴奋的神经、产生愉快的情绪大有好处。此时进行锻炼可以使头脑清晰，思维灵活，记忆增强，为下一段时间的学习提供良好的条件。

二是下午课外活动时间，这是大学生进行体育锻炼的最佳时间。这时空气较好，人体运动系统也进入最佳状态，适合进行负荷较大的体育锻炼，每天的一小时锻炼最好安排在这时。

此外，双休日和节假日的调整，给了人们更多的自由支配的时间，可以开展丰富多彩的体育活动，如郊游、爬山、滑雪、攀岩及各种各样的比赛活动。

有的同学还喜欢晚上进行锻炼，这要自己体会，锻炼后睡觉质量如何，第二天醒来是否有精神。如果锻炼后很难入睡，大脑兴奋，就应该考虑调整锻炼的时间了。

二、体育锻炼项目的选择

（一）一般锻炼方法

第一，除场地选择外，时间应选择在早晨或课外活动时间，每周应进行 3 ～ 4 次，短时间、快速跑可发展速度，长时间、长距离慢跑可发展耐力。

定时跑：如 5 分钟、10 分钟、12 分钟跑……一般健康人应将心率控制在 140 ～ 170 次 / 分钟为宜。锻炼初期和体质较弱者锻炼时间和跑的距离不要太长，可根据身体状况逐渐增加次数、时间，加长距离，加大强度，也可走与跑交替进行。

女子评定标准比男子低一个年龄组，即女子 30 岁以下者的标准相当于男子 30 ～ 39 岁的标准。

间歇跑：一种由跑的距离、速度、次数和间歇时间组合而成的跑的练习。

例如：距离 400 米，要求 90 秒完成，次数 3 组或 4 组，间歇时间 4 ～ 5 分钟。间歇的时间可视心率恢复情况而定，就是当心率恢复到 120 次 / 分钟左右进行下一组练习。这种练习对学生提高 800 米、1000 米、1500 米跑等达标测验项目的成绩很有帮助。

间距跑：由各种不同距离的跑组合而成，以达到发展速度耐力的效果。例如，6×60米、4×100米、2×200米、4×60米×2组跑。每组之间的间歇时间可根据自己的实际水平确定。

变速跑：快跑与慢跑放松交替进行，水平差的可采取快跑距离稍短，慢跑距离稍长的方法。当达到一定水平后，可加长快跑距离，缩短慢跑距离。这种跑可发展耐力，提高心血管系统、呼吸系统功能。越野跑：在公路、田野、公园进行的自由跑，可随意变换跑速，距离也可视体力而定，但跑的距离要逐渐加长，循序渐进。穿合适的、有弹性的鞋，并注意交通安全。

第二，广播操、健美操、韵律操可在早操或课间进行，如伴有音乐会感到更轻松和愉快。做操时要注意动作的幅度和质量。健美操越来越向节奏快、力度大的方向发展，受到充满活力的青年人的青睐。它融健身、健心、健美为一体，对增强体质、塑造体型美有明显的效果。

第三，太极拳是我国传统的项目，它动作柔和，体态舒松，呼吸自然，运动量不大，尤其适合体质较弱的人锻炼，终身锻炼终身受益。锻炼时应注意基本功练习和动作质量。

第四，球类、体操、器械活动对发展灵巧性、速度、力量、耐力等有明显作用。应注意掌握基本技术、规则，器械练习应注意安全保护。此外，游泳、爬山、自行车远行等也都是很好的运动项目。

（二）发展身体素质的锻炼方法

身体素质主要包括速度、力量、耐力、灵敏和柔韧性等几个方面，其中力量、速度、耐力是最基本的三项身体素质。身体素质发展越充分，机体就能发挥出越大的活动能力，表现出越好的运动技能。

1. 速度素质

速度素质是指人体进行快速运动的一种能力。它的表现形式有反应速度、动作速度和位移速度等。反应速度是指人体对各种刺激发生反应的快慢，如短跑时从发令到起动的时间……它以神经过程中反应时为基础，反应时短，则反应速度快；反映时间长，则反应速度慢。动作速度是指完成单个动作或成套动作的时间长短，如投掷运动员器械出手的速度，武术运动员冲拳、踢腿的速度等。位移速度是指在周期运动中，人体通过一定距离的时间，如跑、游泳、速度滑冰等。发展速度素质的方法很多，如听信号起动可发展反应速度，减轻器械重量加快动作速度的练习，下坡跑可以发展位移速度。在发展速度素质时，要注意力量、灵敏和柔韧素质的发展，还要注意提高肌肉的放松能力。在校大学生处在速度素质的发展和稳定增长时期，要抓住这有利时机，加强发展速度素质的练习。

2. 力量素质

力量是指肌肉紧张或收缩时表现出来的能力。这种能力按肌肉收缩的形式可分为静力性力量和动力性力量。

静力性力量是肌肉作等长收缩所产生的力量，即人体维持或固定一定的位置或姿势，不产生明显位移的动作，如单杠悬垂，体操中的支撑、倒立等。

动力性力量是肌肉在等张收缩时产生的力量，人体产生明显位移，使人体或器械产生加速度运动，如跑、跳、投、游泳等。动力性力量又分为重量性力量和速度性力量。

重量性力量是动作的速度基本不变，由肌肉工作时所推动的器械重量来衡量力量的大小，如举重。

速度性力量是由人体或器械运动的加速度来评定的一种力量，靠肌肉快速收缩，使重量衡定的人或器械获得加速度来衡量速度性力量的大小，如投掷、跳跃、踢跳等。

在此介绍一下用负重练习发展等张力量的练习手段：①用接近本人极限负荷重量，重复 1 ～ 3 次，共 2 ～ 3 组，发展绝对力量；②用中等负荷（60% ～ 80%）重量，重复快速动作，发展速度力量；③用轻重量尽量多次重复，发展力量耐力；④用中小重量（大约只能重复 8 ～ 12 次的重量）使肌肉工作到极限，共 3 ～ 5 组，增加肌肉的围度。此外，还有等长力量练习、等动力量练习等方法。

注意事项：①随着肌肉力量的提高，必须不断加大负荷，以提高肌肉负荷能力；②练习时间安排，以隔日练习为好；③注意全身协调发展，大、小肌肉群，上、下肢肌肉群应均衡发展；④力量训练必须注意安全，有人保护，练习后要放松肌肉；⑤做完下肢负重练习，应快速奔跑 30 米或纵跳 10 次。

3. 耐力素质

耐力也称为耐久力，是指人体在尽可能长的时间内活动的能力，也可视为抗疲劳的能力。它是人体各器官系统机能和心理素质的综合表现，也是人体机能水平、体质强弱的重要标志。“渐进的极限负荷”原则是发展耐力素质的主要依据。理想的负荷应接近个人机能极限，又最大限度地在有氧代谢的范围内工作，通常掌握在最大强度的 70% ～ 85%，运动心率为 140 ～ 160 次 / 分钟。①持续训练法。中等强度，匀速跑较长距离。②间歇训练法。以 60% ～ 80% 强度快跑几段距离，中间间隔较长距离慢跑。③重复训练法。以中等强度重复跑几段较长的距离。

4. 灵敏和柔韧素质

灵敏素质是人体的运动技能和各种素质在运动过程中的综合表现。要发展灵敏素质，首先是提高大脑皮质神经过程的灵活性。采用体操、技巧、球类等非周期性项目进行锻炼，效果较好。柔韧性素质由关节的结构、关节周围组织体积大小、韧带、肌腱、肌肉与皮肤的伸展性等因素来衡量。柔韧性练习要注意以下几点：①准备活动要充分，尤其在冬天；②压腿、踢腿等活动幅度要由小到大，动静结合；③不同部位要交替进行，要有间歇和放松。

（三）利用自然条件进行锻炼

利用大自然的日光、空气、水进行锻炼非常有益，尤其对长期在室内从事脑力工作的人来说更有必要。现代社会产生的“文明病”是由于人们长期远离大自然，导致神经系统与内脏器官功能紊乱引起的。充分利用自然条件进行锻炼，不仅经济简便，还可收到意想不到的效果。

1. 日光浴

紫外线可杀菌，促进人体对钙、磷的吸收，促进新陈代谢、血液循环。日光浴应注意以下几点：

（1）选择适宜的时间。夏季在上午 10 点以前，下午在 4 点以后，时间不宜过长。过量紫外线照射对皮肤有害。

（2）尽量让皮肤暴露在阳光下。

（3）避免阳光直晒眼睛与头部，可戴草帽或墨镜。

2. 空气浴

新鲜空气中氧气丰富，负离子含量多，对人体神经系统、循环系统、呼吸系统有良好的作用，加以低温刺激能改善体温调节功能。进行空气浴必须注意从温暖季节开始逐渐过渡到冷空气浴，服装应宽松单薄，尽量增加皮肤与空气的直接接触机会，并选择空气新鲜的场所。

3. 水浴

水浴可分为热水浴、冷水浴和温水浴。热水浴和温水浴能扩充血管，减弱肌肉张力，加速血液循环，消除疲劳。冷水浴能提高神经兴奋性，调节皮肤毛细血管的收缩与舒张，提高人体适应外界温度变化的能力，增强意志，提高抵抗疾病的能力，并能有效地增强心血管系统的功能，使血管弹性增加，减少血管壁胆固醇的沉积。冷水浴还有助于防止动脉硬化，对促进健康、增强体质大有益处。

冷水浴或冬泳应注意以下几点：①根据个人身体条件区别对待；②循序渐进，从夏季开始一直坚持到冬季；③剧烈运动后、饭前饭后、发烧感冒时均不宜进行；④进行自我医务监督。

第四节　体育锻炼计划的制定

体育锻炼应根据个人的具体情况、总的目标（如在多长时间内加强某项身体素质或掌握某项运动基本技能），制定长远计划，再根据长远计划确定具体的月与周计划的安排。

第一，根据作息时间安排锻炼时间，如早操、课间操等。内容可相对固定，如早操、慢跑 1500 米等。

第二，课余锻炼。这是在校大学生主要锻炼时间，可根据课程安排确定锻炼的时间、次数，再安排内容。例如，每周三次课外活动，分别定在周一、三、五下午 4 点，内容分别是：周一，长跑，距离 3000 米；周三，篮球活动；周五，器械练习，包括卧推 6 组、腹肌力量练习 6 组、蹲跳 6 组等。

第三，参加竞赛或班级体育活动，如班级篮、排球赛或院系的单项竞赛、校运动会等。为参加比赛而进行集体或个人的赛前练习，也应有锻炼计划。尤其是集体项目，如球类比赛、接力赛，更应有计划。计划一旦制订，就应克服困难去完成，而完成计划的过程也是对自己意志品质、集体主义观念的培养过程。

第五节　运动性疲劳的产生与消除

长时期以来，人们曾从多种角度去研究疲劳，探讨疲劳产生的机制，并提出了几种假说。如巴甫洛夫学派的“保护性抑制”学说、19 世纪兰克等人的“堵塞”或“窒息”以及“衰竭”学说、“内环境稳定性失调”学说，等等。因此，人们对疲劳的认识在不断深化。

一、运动性疲劳的生理本质

运动性疲劳是指人体运动到一定的时候，运动能力及身体功能暂时下降的现象。

运动性疲劳分为两个阶段：一是代偿性疲劳。这个阶段的运动能力靠增强中枢神经系统的兴奋性和机体其他系统更加紧张的活动得以维持，这时每一工作单位的能量消耗多，动作的结构也发生变化。例如，在步幅缩小的情况下，通过增加动作速率维持跑速。二是非代偿性疲劳。这个阶段的特点是运动能力下降，尽管运动员越来越用力，但仍无法克服这种状态。

运动性疲劳是人体运动过程中发生的正常生理现象，对人的身体并无损害。它是一种警报信号，或者说是一种健康的保险阈。生理学家通过研究认识到，运动性疲劳是一种综合性的生理过程，它是以中枢神经系统的作用为主导，在中枢神经系统和周围组织相互影响下，神经与感觉系统、运动系统、内分泌系统及内脏器官的活动出现的复杂而相互联系的变化。

（一）运动能力与身体素质的变化是导致运动性疲劳的因素

人体的运动能力与身体素质、身体各器官系统功能紧密联系。身体素质就是人体各器官功能在肌肉工作中的综合反映。各器官功能的下降，必然影响运动能力与身体素质。譬如：长时间的肌肉活动导致肌肉功能下降时，力量、速度等当然下降，于是在完成练习时，往往会力不从心而觉得疲劳；在耐力性运动中，如果心肺功能下降，承受耐力负荷的能力就会下降，机体就会疲劳而降低工作能力。

（二）体内能源贮备的减少和身体各器官功能的降低

当人体从事运动导致疲劳时，往往伴随体内能源物质大量消耗，如极量运动 2 ～ 3 分钟至非常疲劳时，肌肉内的磷酸肌酸（能源物质）接近最低点；在长时间的持续运动中，由于糖的大量消耗，肌糖原及血糖均下降。能源贮备的消耗与减少，会导致各器官功能的降低，加之肌肉活动时代谢产物（如乳酸等）的堆积及水盐代谢变化等的影响，机体工作能力就会下降而出现疲劳。

（三）精神意志因素与疲劳密切相关

在运动中，人体各器官系统的活动都是在神经系统指挥下完成的，神经系统功能的降低会使疲劳加深。例如，在一定强度和一定持续时间的体育活动过程中，会出现胸闷、呼吸困难、心率急增、肌肉酸软无力、动作迟缓而不协调、情绪低落甚至想停止运动等主客观的变化，这种状态称为“极点”。此时，如果依靠意志力和稍缓速度继续运动下去，不久这种难受的感觉会减轻或消失，动作变得轻松有力，呼吸变得均匀自如，心率减慢，这种现象称为“第二次呼吸”。这样就可以推迟疲劳的出现或减轻疲劳的程度。

二、运动性疲劳的判断

科学地判断运动性疲劳的出现及其程度，对合理安排体育教学和运动训练具有重大实际意义。

（一）观察法

观察运动员的表现，如出现脸色苍白、眼神散乱、表情淡漠、连打哈欠、反应迟缓、精神不易集中、情绪改变（易激动或沉默寡言）、运动成绩下降等现象，可初步判断为疲劳。

（二）生理指标测定法

1. 闪烁值法

疲劳时，闪烁下降。

2. 膝跳反射阈法

疲劳时，叩诊四头肌腱，力量加大才引起反射，即反射阈上升。

3. 呼吸耐力测定

连续测 5 次肺活量，每次间隔 30 秒。疲劳时，肺活量一次比一次下降。

（三）疲劳的主观感觉

疲劳的主观感觉是：疲乏、腿疼、心悸，甚至头疼、胸闷、恶心，等等。

由于运动性疲劳时表现出运动能力下降、疲劳感和某些客观生理指标发生改变等几个方面的变化，这些变化随所观察对象的年龄、性别、训练水平、思想、情绪和运动条件等方面的差异而各有不同，所以不能单独用一种方法评定疲劳，只有综合观察才比较可靠。

三、运动中推迟疲劳出现的因素

在体育锻炼中，如果运动性疲劳出现得迟一些，对提高锻炼效果会有裨益，解决这个问题一般可从下列几个因素考虑：

第一，坚持长期不懈地锻炼，努力提高自己的身体素质。

第二，合理安排训练内容，避免因局部负担过重而产生局部疲劳。

第三，注意发展与运动项目相适应的供能能力。不同的运动项目，供能系统各有特点，这里以短跑、中跑、长跑为例进行说明。

发展不同供能系统的练习方法各有特点，在锻炼中如能了解这些特点，着重发展该系统能力，对与之相适应的运动项目疲劳的推迟会有帮助。

第四，加强意志品质与心理训练，提高心理素质，有利于疲劳时精神意志因素的改善，从而推迟疲劳的出现。

第五，饮食营养的合理安排和科学的饮食方法对体内能源的储备有积极意义。

四、加速消除疲劳的方法

加速疲劳的消除，对提高机体工作能力及提高运动成绩具有重要意义，同时也是预防由于疲劳的累积而导致过度疲劳的积极措施。

（一）睡眠

没有充分平静的睡眠，不可能有充分的休息。锻炼导致身体疲劳之后，保证良好而充分的睡眠是使身体得到恢复的重要措施。成年人每日一般要有7～9小时的睡眠，儿童需要的时间较成年人长，而老年人则较短。为保证正常的睡眠，必须遵守一定的作息制度。

（二）活动性休息

所谓活动性休息就是指人们在休息时进行其他活动，这也叫积极性休息。当局部肌肉疲劳后，可利用未疲劳的另一些肌肉进行一些适当活动，借以促进全身代谢过程，加速疲劳的消除；当全身疲劳时，也可通过一些轻松的、兴趣高的体力活动，来达到加速消除肌肉代谢产物的目的。因此，在体育课中应多采用转换活动内容的方法作为休息的手段。

应当注意，作为活动性休息而安排的练习，应是习惯的练习，同时强度不应过大，时间不宜过长，否则将影响活动性休息的效果。

（三）物理性恢复手段

按摩、光疗、电疗等对促进疲劳肌肉的代谢过程、加速疲劳的消除具有良好的作用。此外，吸氧、空气负离子吸入、沐浴（温水浴、蒸气浴、旋涡浴、海水浴等）、局部负压法、针灸、气功等方法，也有益于消除疲劳。

（四）合理补充营养

为了补充因活动而消耗的物质、修复失常的体内机构和消除疲劳，补充适当的营养是非常重要的。通常需及时补充的物质有维生素（C、B1、B2、A、E）、糖、蛋白质以及矿物质（如钙、铁）等。

（五）心理调节

快乐的情绪可加速疲劳恢复，例如欣赏优美的音乐、进行自我心理调控与放松调节等，对体力恢复就有很大益处。

五、健身运动处方

运动处方是指以增强体质、增进健康、发展体能为目的而制定的一系列符合个人身体状态、针对性强而又行之有效的科学运动方法。运动处方以人体生理学为基础，主要采用中等强度有氧代谢为主的耐力性运动手段，重视运动实践过程的效果，是科学的体育锻炼方法。根据制定运动处方的目的，可分为健身性、预防性、治疗性、竞技性等四种处方。制定运动处方的程序：①通过体检和临床医学检查，了解锻炼者的一般情况（如性别、年龄、职业、病史、锻炼情况、食欲、睡眠、常用药等）及其身体健康状况（通过医学手段检测得到的生理、生化指标和各项身体素质水平）；②根据检测结果和锻炼者需求确定锻炼的目的，选择锻炼的手段；③按照科学锻炼的原则和方法制定运动处方；④实际锻炼；⑤锻炼一段时间后，再次检测健康状况，根据其承受运动负荷能力和体力状况所反馈的信息，评价运动处方效果；⑥修订原运动处方和制订新的运动处方。运动处方的基本内容包括运动目的、运动内容的确定、运动负荷的安排及运动过程的要求等。

（一）步行

1. 步行的特点与功能

步行是一种简单易行的有氧锻炼方法。从形式上来看，可在平路、平路结合坡路或沙地上进行。步行的速度、幅度、时间决定着运动负荷的大小，一般安排在清晨、睡前或饭后（半小时）进行，地点可选择在湖边、公园、林荫道等环境优美、供氧充足的地方。步行是增强心脏功能的有效手段之一，并且减肥效果好。轻快的步行可以缓解神经肌肉的紧张度，对于整天伏案学习、以脑力思维为主的大学生来说，可使处于紧张状态的大脑皮层细胞得到放松。因此，步行也是一种非常好的积极性休息方式。

2. 健身步行方法

当步行以健身为目的时，要求步幅增大，上体正直，注意力集中，速度逐渐加快，两臂前后摆动，并加大摆幅，呼吸保持自然。

3. 步行运动处方

将不同年龄段所适宜的步行时间、距离等指标汇总，制成大学生步行预备性运动处方，可参考使用。

（二）慢跑

1. 慢跑的特点和作用

慢跑也叫健身跑，它不同于中长跑，是一种轻松、自如、随意的跑步，强度略大于步行。从运动医学角度来看，慢跑比较安全并节省时间，健身效果好，见效快，运动负荷容易控制，不会发生较大的运动损伤。因此，慢跑被列为有益健康、抗病延年的手段之一，被国内外称为“有氧运动之一”。

2. 慢跑锻炼方法

（1）走跑交替锻炼法。适合于缺乏锻炼者，一般可先走1分钟，再跑1分钟，交替1～2周增加运动量。

（2）间歇健身跑锻炼法。这是慢跑与行走相交替的一种过渡性练习，适合于体弱者。一般从跑30秒、行走30～60秒开始，逐渐增加跑的时间，以提高心脏负荷。这样反复进行10～20次，总时间为10～30分钟，以后可根据情况逐渐加量。

（3）短程健身跑。可从50米开始，渐增至100、150、200米。速度一般为30～40秒跑100米，每3～7天增量一次。

（三）骑自行车

1. 骑自行车的运动特点和作用

自行车是一种经济实惠、普及性的交通工具。中国是自行车王国，骑自行车健身具有广泛的群众基础。骑自行车可以说是融娱乐与健身为一体的高效的健身方法，它能提高心肺功能，锻炼下肢肌力和增强耐力；缺点是受天气影响较大。

2. 骑自行车运动锻炼方法及注意的问题

刚开始骑自行车锻炼者蹬速应达到60次/分钟，同散步节奏。对于消遣骑车者来说，蹬速在75～100次/分钟最合适。计算蹬速，只需记下15秒内一条腿蹬的圈数，再乘以4，就是每分钟的蹬速。骑车锻炼时不要溜坡滑行，而要掌握正确的骑车姿势，蹬出节奏（指每分钟一条腿蹬车的次数），并时刻注意安全。

3. 自行车运动处方

自行车人人会骑，但若要获得理想的健身效果，则应遵循科学的指导。

（四）确定运动强度（生理负荷量）

运动强度对运动效果和人体运动安全有直接影响。运动强度掌握是否合适，是制定和执行运动处方的关键。运动强度常用心率作为定量化指标，也可用跑速作为强度指标。运动处方规定的心率，多采用计数脉搏的方法来掌握（测 10 秒脉搏数乘以 6）。

体育锻炼者确定运动强度时应注意：以健身为目标的耐力性运动通常采用中等强度的运动；体质健壮且运动基础好的年轻人，运动强度可稍大；放松性活动一般采用小强度的运动。肢体功能锻炼、矫正体操的运动强度及运动量应依肌肉疲劳程度而定，不用心率来判定。

（五）确定运动时间（每次运动时间）

健身运动时间不得少于 5 分钟，通常推荐 30 ～ 60 分钟为宜。医疗体操可根据具体情况而定。运动强度和运动时间共同决定运动量。运动量确定后，运动强度大时，持续时间则较短。所以，采用同样运动量时，青年人或体质较好者，运动强度可稍大，持续时间相应缩短些；而中老年人或体质较差者，则宜较小强度的运动，持续时间要相对长些。

（六）确定频率（周锻炼次数）

每周锻炼的次数与运动效果密切相关。对运动员而言，每天安排一次训练是必要的，但以增强肌肉力量为目的的体育锻炼，无须每天进行，初始每周安排三次锻炼即可（隔天进行）。据有关学者研究，每天锻炼和隔天锻炼，其肌肉力量增长效果是一样的；但耐力锻炼的效果与频率的关系是频率愈多，收效愈大。实践证明，以增进健康、保持体力为目标的体育锻炼，可结合个人学习、生活和工作情况，每周 3 ～ 5 次为好，重要的是养成锻炼的习惯。

第六章　大学生体育锻炼与心理健康

第一节　心理健康

一、心理健康概述

心理是人脑的机能，脑是人体的思维器官。现代医学研究表明：社会、文化、家庭、疾病等因素都将直接影响着人们的心理健康。一个人怎样才算心理健康呢？有人认为心理健康是指人们对环境能高效而快乐地适应；有人认为健康是一种积极、丰富而持续的心理状态，在这种状态下适应良好、具有生命力，能充分发展其身心潜能而绝非仅仅免于心理疾病；还有人认为心理健康表现为积极、创造、人格统一，有行动热情心和良好的社会适应能力。目前，较为普遍的观点认为心理健康是能充分发挥个人最大潜能以及妥善处理和适应人与人之间、人与社会之间的相互关系。它包括两层涵义：其一是无心理疾病；其二是能积极调节自己的心态，顺应环境并有效地、富有创造性地发展和完善个人生活。“无心理疾病”是心理健康的最基本条件，心理疾病包括各种心理及行为异常情形。但正常与异常并无明显的界限，只是在量方面的差别，发展心理状态则是从积极的、预防的角度，消除一切不良的心理倾向。在适应环境的同时努力改善环境，不断进行自我心理调整，使心理处于一种最佳状态，以促进心理健康的发展。

人的心理健康受情绪的直接影响。心理健康与不健康的情绪标准包括以下几个方面：情绪是由一定的原因引起的；欢乐的情绪是由可喜的事情引起的；悲哀的情绪是由不愉快或不幸的事情引起的；愤怒是由于挫折所引起的。一定的事物（事件）引起相应的情绪是情绪健康的标志之一。如一个人受到挫折反而高兴，受到尊敬反而愤怒，是情绪不健康的表现。

情绪的作用时间随客观情况变化而转移。在一般情况下，引起情绪的因素消失之后，其情绪反应也逐渐消失。

情绪稳定：情绪稳定表明一个人的中枢神经系统活动处于相对的平衡状态，反映了中枢神经系统活动的协调。一个人情绪经常很不稳定、变化莫测，是情绪不健康的表现。

心情愉快：这是情绪健康的另一个重要标志。愉快表示人的身心活动的和谐与满意。愉快表示一个人的身心处于积极的健康状态。一个人经常情绪低落，总是愁眉苦脸，则可能是心理不健康的表现。人生活在一定的社会环境中，在生活的道路上难免发生挫折和不幸，情绪出现暂时不愉快，这当然是正常的情绪反应，但一定要能够通过自我调节和控制，使这种不愉快尽快消失，恢复常态才是一种健康心理。

在当今高科技不断发展的现代化社会中，人们的社会生活节奏越来越快，社会竞争日益激烈，个别大学生开始感到不知所措，无所适从，产生了心理上的不适应。据统计，大学生中因心理健康问题退学的人数占整个退学人数的30%左右，而且这一数字每年都有所递增。由此可见，大学生的心理健康状态受到了严重威胁，心理已直接影响到大学生能否全面发展。

二、心理健康的标准

（一）国外对心理健康标准的研究

心理健康与不健康不像躯体的生理活动那样，如脉搏、血压等有明显的界限。那么，人的心理怎么样才算是健康呢？以什么作为健康的标准？美国著名人本主义心理学家马斯洛的研究揭示了理想的健康人即个体的潜能和价值得到最有效的挖掘和使用的“自我实现者”的心理特征。

（1）对现实的良好知觉。心理健康者对世界的知觉是客观的，他们如实地看待世界，并非按自己的主观方式去感知世界。

（2）接纳自然、他人和自己。心理健康者能接受别人、自己及自然的不足与缺憾，而不会为这些缺憾所困扰。他们可依照事物的自然规律去接受那些不足，在人性的所有方面都不存在排斥情绪，即便是个人的不足或失败，也不感到羞耻或内疚。

（3）自发、坦率、真实。心理健康者有足够的自信心和安全感，能够真实、坦率地表达自己，除非这样一种直率的表现会伤害别人。

（4）以自身热爱的工作为中心。心理健康者热爱自己从事的工作，对工作刻苦、专注，并从工作中获得快乐。

（5）有自立和独处的需要。心理健康者不依靠别人来求得安全和满足，他们依靠的是自己。他们喜欢安静独处，这并不是因为害怕别人或逃避现实，而是为了减少干扰，更好地深思，以便寻求更合理的解决问题的方案。

（6）在自然与社会环境中能得到保持相对独立性。心理健康者在任何环境中，都能独立自主地发挥思考的功能，并具有自制能力。

（7）欣赏力常新。心理健康对于某些经验、特别是审美体验，有着奇特而经久的欣赏力。

（8）具有难以形容的高峰体验。心理健康者即使从平凡的活动中，也能感受到强烈的醉心狂喜，生活无限美好。

（9）对社会道德予以关注。心理健康者具有同他人同甘共苦的强烈意识，能够为他人的利益着想，能把自己从满足自身狭隘需求的牢笼中解放出来。

（10）人际关系深刻。心理健康者注重友谊和爱心。他们的友谊感虽强，交友数目却不算多。就对爱的理解来说，他们认为爱应当是全然无私的，他们能够像关心自己一样，关心所爱者的成长与发展。

（11）具备民主的性格结构。心理健康者能够谦虚待人，尊重别人的权利和个性，善于倾听不同意见，并能向一切能够教给自己知识的人学习。

（12）富有创造性。心理健康者具有独创、发明和追求革新的特点。

（13）处事幽默、风趣。心理健康者善于观察人世间的荒诞和不协调现象。并能够以一种诙谐、风趣的方式将其恰当地表现出来。

（14）反对盲从。心理健康者具有自立、自强的人格，他们不随意迎合他人的观点、行为。他们认为人必须有主见，认定的事情就应该坚持去做，不应顾忌传统的力量和舆论的压力。

在此基础上，马斯洛合米特尔曼等又提出了10条正常人的健康标准，受到了人们的普遍重视和引用，被认为是健康心理的标准。

（1）有足够的自我安全感。

（2）能充分地了解自己，并能对自己的能力作出适当的评价。

（3）生活理想切合实际。

（4）不脱离周围现实环境。

（5）能保持人格的完整。

（6）具有从经验中学习的能力。

（7）能保持良好的人际关系。

（8）能适度地发泄情绪和控制情绪。

（9）在符合集体要求的前提下，能较好地发挥个性。

（10）在不违背社会规范的前提下，能恰当地满足个人基本要求。

（二）大学生心理健康的标准

根据国外学者对心理健康标准的研究，结合我国大学生的心理特征及特定的社会角色，大学生的心理健康的标准可概括为以下几方面：

1. 能够从心理上正确认识自己，接纳自己

一个心理健康的大学生，应能够体验到自己存在的价值，既能了解自己又能正视自己，对自己的能力、性格和优点能作恰当、客观的评价，对自己不会提出苛刻、非分的期望与要求。同时，努力发展自身的潜能，即使对自己无法补救的缺陷，也能安然处之。一个心理不健康的人则缺乏自知之明，由于目标定得不切实际容易过高或过低地估计自己，总是将自己陷于自傲、自卑的漩涡中，心理无法平衡。

2. 能较好地适应现实环境

心理健康的大学生能面对现实接受现实，并能主动地适应现实、改造现实；对周围事物和环境能做出客观的认识和评价，并能与现实环境保持良好的接触；对生活、学习和工作中和各种困难和挑战都能妥善处理。心理不健康的大学生往往以幻想代替现实，不敢面对现实，没有足够的勇气接受现实的挑战。总是抱怨自己“生不逢时”或责备社会环境对自己不公而怨天尤人，因而无法适应现实生活。

3. 具有和谐的人际关系

心理健康的大学生乐于与人交往，能认可别人存在的重要性和作用；能融于集体中，在与人相处时，积极的态度（如友善、同情、信任）总是多于消极的态度（如猜测、嫉妒、敌视），因而在社会生活中有较强的适应能力和较充分的安全感。一个心理不健康的大学生，总是与周围的人格格不入，远离集体。

4. 具有较强的自我调节能力

能较好地协调与控制情绪。心理健康的学生情绪稳定，他们的愉快、乐观、开朗、满意等积极情绪总是占有优势，身心处于积极向上、充满希望的乐观状态；能适度地表达和控制自己的情绪，合理地宣泄不良的情绪。如果经常笼罩于消极的情绪中，则是心理不健康的表现。

5. 具有合理的行为

心理健康的大学生其行为方式与年龄特征和社会角色相一致，他们具备独立的生活能力和独立思考判断能力。心理健康的大学生，其行为具有理智性和一贯性，他们能合理地控制自己的情绪，行为始终受到意识的控制。

6. 具有完整统一的人格品质

人格即人的整体精神面貌，人格完整是指人格构成要素的气质、能力、性格、理想、人生观等各方面平衡发展。心理健康的大学生具有积极进取的人生观，并能把自己的需要、愿望、目标和行为统一起来。

第二节　体育锻炼对心理健康的影响

一、体育锻炼可促进心理健康

（一）改善情绪状态

情绪状态是衡量体育锻炼对心理健康影响的主要指标。人生活在错综复杂的社会中面对各种压力经常会产生忧愁、紧张、压抑等情绪反应，体育锻炼则可以转移个体不愉快的意识、情绪和行为，使人能从烦恼和痛苦中摆脱出来。大学生常因名目繁多的考试，相互间的竞争以及对未来工作分配的担忧而产生持续的焦虑反应，经常参与体育锻炼可使自己的焦虑相应降低。

（二）提高智力功能

智力功能受非智力成分的影响很大，如一个人的身体状况不好、情绪不稳定或经常处于高度紧张状态，那么他的智力功能就会受很大影响。经常参加体育锻炼者，不仅能使自己的注意、记忆、反应、思维和想象等能力得到提高，还可以使情绪稳定、性格开朗、疲劳感下降，这样自己的思维加强，反应速度快，智力也就有所提高。

（三）确立良好的自我概念

自我概念是个体主观上对自己的身体、思想和情感等的评价，它是由许多的自我认识所组成，包括“我是什么人”“我主张什么”“我喜欢什么”“我不喜欢什么”等。由于坚持体育锻炼可使体格强健、精力充沛，因而，体育锻炼对于改善人的身体表象和身体自尊很重要。

身体表象是指头脑中形成的身体图像。身体表象障碍在正常人群中是普遍存在的，据报告，54%的大学生对他们的体重不甚满意。与男性比，女性倾向于高估她们的体重，而且，身体肥胖的个体更可能有身体表象和身体自尊方面的障碍。身体自尊主要包括一个人对自己运动能力的评价、对自己身体外貌的评价以及对自己身体的抵抗力和健康状况的评价。身体表象和身体自尊与整体自我概念有关，无论男性还是女性，对身体表象的不满意会使个体自尊变低（自尊指自我概念的积极程度）并产生不安全感和抑郁症状。有研究表明，肌肉力量与身体自尊、情绪稳定性、外向性格和自信心呈正相关，并且加强力量训练会使个体的自我概念显著增强。

（四）培养坚强的意志品质

意志品质指一个人的果断性、坚韧性、自制力以及勇敢顽强和主动独立等精神，意志品质既是在克服困难的过程中表现出来的，又是在克服困难的过程中培养起来的。在体育锻炼中要不断克服困难（如胆怯和畏惧心理，疲劳和运动损伤等），锻炼者越能努力克服主、客观的困难也就越能培养良好的意志品质。从锻炼中培养起来坚强的意志品质迁移到日常的学习和工作中去，能促进学习和工作很好地开展。

（五）消除疲劳

疲劳是一种综合性症状，与人的生理和心理因素有关，当一个人的情绪消极或任务超出个人的能力时，生理和心理上都会很快地产生疲劳。疲劳对人的身体危害很大，很多报告都证明，我国许多科学家寿命短与此不无关系。大学生持续紧张的学习压力极易造成身心疲劳和神经衰弱，保持良好的情绪状态和参加中等强度的体育锻炼则可以使人的身心得到很好的放松，从而做到有张有弛。

（六）治疗心理疾病

体育锻炼被公认为是一种心理治疗的方法。美国的一项调查显示，1750名医生中，80%的人认为体育锻炼是治疗抑郁症的有效手段之一；60%的人认为应将体育锻炼作为一种治疗方法来消除焦虑症。在大学生中，不少人由于学习和其他方面的挫折而引起焦虑症和抑郁症，通过体育锻炼可以减缓或消除这些心理疾病。

二、决定体育锻炼产生良好心理效应的因素

决定体育锻炼产生良好心理效应的因素很多，主要有：

（1）喜爱体育锻炼并从中获得乐趣。这是体育锻炼产生良好心理效应的最重要因素，如果不喜欢体育或者不能从中获得乐趣，就不可能产生满足感和良好的情绪体验。

（2）体育锻炼应以有氧活动为主，避免激烈的竞争。有氧活动包括散步、跑步、游泳、骑自行车、跳绳、健美操等。当然，对于年轻的大学生来说，从事自己所喜爱的球类运动也是很有益的。

（3）运动量以中等强度为宜。研究表明，在体育锻炼过程中，心率最好控制在最大心率的60%～80%，每次活动时间不少于20～30分钟，每周3次或3次以上，这样才有利于心理健康。

（4）持之以恒地进行体育锻炼。体育锻炼对心理健康的积极效应只有在有规律的锻炼的基础上才能显示出来。有人在查阅了 80 篇研究报告后指出，随着身体练习总时间的增加，体育锻炼所产生的良好心理效应就会随之得到增强。

第三节　应激和焦虑

一、应激和焦虑的定义

应激是指一种复杂的心理过程，这一过程包含应激刺激、对危险的知觉评价和情绪反应三种主要成分。应激有积极的应激与消极的应激之分。塞利将人类对积极应激刺激的反应称之为苦恼或忧伤。某种活动产生的是积极的应激还是消极的应激，存在一定的标准，例如中等负荷和中等强度的身体锻炼是一种积极的应激刺激，它可以使身体变得强壮；但是高强度和高负荷的身体锻炼就可能导致个体受到损伤，使自己变得苦恼，从而产生压抑感和恐惧感。

在生活与工作中，人需要一定程度的应激，这有助于提高生活质量和工作效率。但是如果应激是消极的，则会产生焦虑反应，从而影响生活质量。

焦虑是指由于不能达到目标或不能克服障碍的威胁，致使自尊心和自信心受挫或使失败感和内疚感增加，形成一种紧张不安并带有恐惧的情绪状态，它包括紧张、担心、不安、忧虑的感受及自主神经系统的激活或唤醒。青少年学生常说不出自己焦虑的原因，但事情的不确定性是产生焦虑的根源。比如一场考试失败，没有达到自己目标，这样就会认为自己不行，害怕考试，从而产生焦虑，一到考试自己就会情绪紧张、不安，晚上睡觉时常会失眠。

二、应激和焦虑的征兆

处于消极应激和焦虑状态下的人都会显示某些征兆和症状。

（一）生理征兆

应激的生理征兆主要表现为引起一定身体器官的变化，例如，心跳加快反映了心肌的变化；呕吐反映了消化系统的变化；呼吸困难反映了呼吸系统的变化；经常性头痛、疲劳、手颤抖反映了肌肉的紧张变化。而焦虑的生理征兆主要表现为坐立不定、心神不宁、食欲缺乏、思维混乱等。

（二）睡眠障碍

失眠是应激和焦虑表现的共同形式，是一种普通的征兆，它会使人精力耗尽，产生的原因可能是对将要产生的事件感到焦虑或过于激动。例如，对临近的考试过于关注或忧虑会产生失眠。虽然对某些人来说，一两个晚上睡不着觉是常有的事，但是对于另一些人来说，可能就是应激和焦虑的表现形式。

（三）性障碍

性障碍也可能是应激和焦虑征兆，由忧虑引起性障碍会进一步加重应激反应。国外有的心理学家认为正常性释放是减少紧张的一种方法，没有正常的性活动可能导致一系列心理问题产生。

（四）低自尊

在日常生活中，个体看待事物的方式常常会影响应激和焦虑的产生，低自尊的人倾向于以消极的方式看待外部环境，在遇到困难时更容易打退堂鼓。由于不能找到有效的解决问题的办法，他们容易产生焦虑、抑郁的情绪，正确地看待自己与他人将有助于降低应激和焦虑的产生。

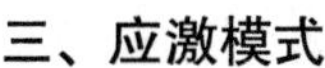

三、应激模式

应激模式是从把生活情景中中性事件看作为忧伤的事情开始的。当消极的认知评价出现后，紧接而来的是焦虑、神经质、愤怒等消极的情绪被唤醒，随后出现的是心率加快、血压升高、出汗增加等生理唤醒，最后导致心身疾病、与家庭和朋友发生争执等不良结果。

让我们来看看在应激情景下，这个模式是如何工作的。假设你是大学生，将在这个学期毕业，你的体育成绩还没有达到要求。你可能对自己说："这是最可怕的，我将要拿不到学位证、毕业证，我将找不到工作，我真是太笨了，同学亲戚朋友将怎么看待我？"这将产生恐惧和对未来的不安全感，焦虑和对体育教师的愤怒这些不良情绪会导致心率增加、肌肉紧张和其他反应。最后，你可能形成紧张性头痛和肠胃不适。

四、焦虑对学习成绩的影响

焦虑一般分为特质焦虑和状态焦虑两种。特质焦虑是较稳定的个性特征，具有特质焦虑的人，在许多情况下都表现出焦虑，他们为许多事情担忧，对未来和各种事情都有一种不定之感；状态焦虑是指在特定的情况下所表现出来的焦虑，它是一个人对变化的环境条件或环境压力的预见性反应，是暂时的、随时间而波动的。但无论是特质焦虑还是状态焦虑都自身仅反馈为引发源，即当处于焦虑状态中的人，意识到自己的这种情绪反应的迹象（心率加快、肌肉颤抖）时，这种意识会增强原有的焦虑程度而造成一种恶性循环。现代心理学表明，焦虑的程度与学习成绩的提高密切相连。其相关程度可用耶克斯－多德森规律来说明，即焦虑的程度与学习成绩呈倒"V"型曲线的关系。

心理学家在研究中一般把焦虑的程度和学习成绩分别作为自变量和因变量，通常用自我评定法和生理反应来判断焦虑程度。有关研究表明，适中的焦虑程度对学习最有效。过分焦虑或无动于衷都不能表现出良好的学习成绩，因为，适中的焦虑状态往往可以维持人们对任务的兴趣和警觉；唤醒水平或焦虑水平过低，脑或肌体就得不到足够的能量去从事应当进行的活动，使操作效率降低，从而影响学习成绩；唤醒水平或焦虑水平过高，又会阻断认识加工活动，导致信息加工的效率全面下降，从而影响学习成绩。

第四节　体育锻炼与应激和焦虑控制

一、体育锻炼与应激水平控制

应激是一种心理过程，应激水平高低取决于自己的心理状况，而体育锻炼可以随时调节个人的心理状况及情绪，所以体育锻炼是控制应激水平的最好手段。虽然长时间或高强度的锻炼会带来身心的紧张，但是研究也显示，坚持参加低到中等强度的有氧锻炼（如跑步、旅游或骑自行车等）是减少应激的最有效的方法。这说明了体育锻炼对降低应激水平的效果。

为什么有规律的体育锻炼能减少应激？第一种理论认为，体育锻炼会引起大脑释放自然合成的镇静剂——内啡呔，内啡呔发挥作用时，会阻碍大脑中与应激有关的化学物的作用；第二种理论指出，锻炼是一种娱乐活动，能使人的头脑从担忧以及其他紧张性思维活动中解放出来；第三种理论认为，有规律的锻炼将导致身体适应与积极的自我表象，而这两者将提高人对应激的抵抗力；第四种理论认为，锻炼对应激控制的作用将涉及以上所述的所有原因。

二、体育锻炼与焦虑水平控制

焦虑的产生主要是自己在某种事物上出现挫折，从而对它产生害怕、恐惧，出现紧张不安、烦恼、沮丧等情绪。而体育锻炼可以诱发积极的思维和情感，这些积极的思维和情感对抑郁、焦虑和困惑等消极心理具有抵抗作用；体育锻炼也给人们提供一个机会，使人们能够分散对自己的忧虑和挫折的注意力，诸如慢跑、游泳等运动项目能使人们进入自由联想状态，在单调重复性的技术运用中，通过冥想、思考等思维活动，可能促进思维反省和脑力的恢复，这种对注意力的有效集中或转移，可以达到调节情绪的目的。

第五节　大学生恋爱与求职心理

一、大学生恋爱与性的心理健康

随着青春期性机能的成熟与性意识的觉醒，大学生的心理也产生了微妙的变化。他们开始关注两性之间的关系，恋爱已成为大学生们的一个“永恒的话题”。恋爱与性所带来的各种问题也渗透到大学生的学习、生活、价值观等各方面。因此，恋爱与性心理的健康是大学生整个身心健康的一个重要方面。

（一）大学生与恋爱心理的特征

对于异性交往的渴望。大学生的年龄正处于性能量最旺盛的时期，他们渴望与异性交往，对有关性的一切充满好奇，并希望自己能通过恋爱进一步了解。因此，他们非常重视自己在异性中的形象。在恋爱中个性突出，具有男女平等的价值观念，不受传统习俗的局限，择偶中大多自己做主。

性心理的动荡性与压抑性。处于性意识、性能量最旺盛时期的大学生，由于心理的逐步成熟，再加上所接受性教育的缺乏，未形成稳固、正确的性道德观、恋爱观，自控能力弱。因此，有些大学生的性心理易受外界不良因素影响，比如追求性自由、性解放而严重缺乏责任感。对待恋爱问题简单幼稚，重外在、形式，缺乏深刻的相互了解和责任意识。

（二）大学生恋爱与性心理的困扰

从大学生恋爱与性心理特点，我们可以看出目前我国大学生存在的恋爱与性心理的困扰主要包括以下几个方面：

认识的偏差。一种是对两性交往中缺乏责任，抱着“玩一玩”的态度；另一种是将爱与性分开或是对性充满恐惧。

性冲动的困扰。在对 319 所高校的调查中显示，87%的学生存在冲动，对性感到恐惧的占 12%，对性感到羞怯的占 36%，对个人的性冲动感到自责的占 33%。从中我们可以看出，大学生一方面具有性冲动，而另一方面是对性的否定和批判致使许多学生不知如何宣泄自己而苦恼。

两性交往的不适。大学生有与异性交往的渴望，但如果中学时代接受的青春期性教育甚少，对性充满了神秘感，有些学生就会不知如何与异性交往，在异性面前表现得拘谨、谨小慎微。

不稳定性、耐挫力弱。由于大学生易感情冲动，缺乏处理恋爱中情感纠葛的能力，因此一旦恋爱失败则易表现出难以自持，陷入悲观的漩涡，无法自拔。

（三）体育锻炼对大学生恋爱与性心理的调适

健康的恋爱与性心理应包括学会与异性相处，对两性的正确认识，对恋爱、婚姻、家庭的正确观念和态度。

大学生由于在各方面的不成熟，所以应尽量避免谈恋爱，应把多余的时间用来学习文化知识。

通过体育锻炼来培养学生自然、友好、文明的与异性交往能力，既要能够学会尊重对方、平等地与人交往，又要学会保持交往中的自尊和责任意识；同时不断充实、发展自己，提高个人修养。

二、大学生择业与求职心理健康

（一）大学生择业过程中的心理健康问题

大学生的职业选择会受到时代、家庭、个性特征等多方面的影响。但总的来说，工作环境舒适、具有较高的社会地位、能发挥个人特长是大学生们的共同愿望。大学生择业中遇到的问题也是由此产生。从个人主观条件上来看，如择业理想和个人能力间的矛盾而造成的困惑、焦虑、激烈竞争和缺乏自信的矛盾而造成的心理自卑以及对竞争对手的妒忌猜疑；从客观上来看，当年的分配政策所造成的挫折与烦恼都会影响大学生的心理健康。

职业是人生命的重要组成部分，它决定着一个人的收入、生活水平、社会地位、个人的价值和生活的满足愉快与否。我们对大学毕业生的心理进行健康教育，正是帮助他们调整个人择业心态，选择适合自己的工作。在建立一个将来在社会中扮演积极有意义的角色同时，使个人的潜能得以发展，拥有一个充实而满足的人生。

（二）体育锻炼和大学生择业

1. 社会对大学生的要求

任何一家单位选择员工，首先是要求员工身体健康、心理健康、心胸开阔、能迅速融入社会集体中；其次是要求员工具有诚实信用精神，要踏实肯干，具有较强的交际能力、应变能力和开拓进取精神。以上各项要求在体育锻炼中都能得到增强。

2. 体育锻炼可以培养大学生的气质、交际能力和应变能力

在择业中有些学生被面试者搞得不知所措，连最起码的礼仪都忘了，造

成择业失败。为了在择业中能脱颖而出，平时在体育活动中锻炼自己的心理素质，培养自己的气质，提高自己的交际能力和应变能力，面试时不卑不亢、沉着冷静、头脑灵活，根据自己的专业知识来展示自己的能力，这样会给面试者留下深刻的印象。

3. 体育锻炼可以培养学生的自信心

自信心是个性成熟的标志，也是影响求职成败的主要心理品质。你以为自己是优秀的，这种感觉可以在平时的体育活动中培养，择业求职时就会从你的表现中自然地流露出来，从而让对方看到你的能力。

4. 体育锻炼可以增强大学生的心理承受能力

择业求职往往不是一帆风顺的。由于主、客观原因，总会遇到一些挫折。遇到挫折，如果丧失信心，也就失去了开始新生活的勇气，所以心理承受能力就至关重要。心理承受能力强的学生在挫折面前会放下包袱，仔细寻找失败的原因，分析自己的优势和劣势，调整好个人目标和心态，充满信心地再争取新的机会。

第六节　大学生常见心理障碍和心理疾病的防治

大学生中有一定比例的人存在着各种不同类型、不同程度的心理疾病。这类人群虽然是极少数，但是一方面对其本人来讲，大学生活会很不顺利，给自身的学习、生活和健康发展带来很多困难；另一方面也会给学校、社会带来很多不安定因素，因此引起各方面的重视和关注是非常必要的。

一、心理障碍的概念

心理障碍是对许多不同种类的心理情绪和行为异常的统称。这些异常现象通常由心理的、社会的、生理的或药物的多重原因造成，并以个体无法有效地适应日常生活为其指征。心理障碍的表现形式多样，既可表现为各种心理过程的异常，也可以表现为明显的行为偏离，还可以表现为严重的精神疾病。但无论表现为什么症状，心理障碍都严重地损害个人对环境的适应能力。

心理障碍是在实践中形成的概念，仍在发展变化中。将其视为一个心理社会概念，较之单纯的生物学概念更为合理，更为全面。对于一种行为的衡量标准，不同文化背景截然不同。

二、心理障碍和心理疾病的主要类型

根据不同的分类标准可以将心理障碍和心理疾病分为不同的种类。

（1）根据疾病的异常情况可以将心理疾病分为神经症和精神病两大类。前者属于程度较轻的心理障碍，后者则属于严重的心理疾病。两者又分别包括不同的心理障碍和心理疾病类型。

（2）根据心理障碍和心理疾病的内容性质可以将其分为人格障碍、性心理障碍、行为障碍、药物或酒精依赖等。

（3）根据人们日常生活中所常见的心理障碍表现可以将心理障碍和心理疾病分为五大类：

①严重的心理异常：是指人的整体心理活动瓦解。

②轻度的心理异常：是指人的整体心理活动的某些方面受到损害。

③身心障碍：是指身体某个系统器官的病变表现出来的心理异常现象。

④大脑疾患及躯体缺陷时的心理异常：这里又包括发育不全、器质性损害、躯体缺陷等三种原因所导致的心理异常或继发性的人格障碍。

⑤特殊条件下的心理异常：如梦境、人格、药物作用、催眠偏离等出现的心理障碍。

三、神经症的防治

本书所说心理障碍是指心理疾病的一种症状或轻微异常。所以在这里着重对神经症进行介绍。

（一）神经症的概念

神经症又名神经官能症，是精神病的一种，虽然也使用了神经两个字，但不是神经系统发生了“病”，而是大脑功能暂时失调所造成的，它有别于精神病。一般精神病指大脑机能紊乱，不能适应正常的生活与工作。

（二）神经症常见的症状与防治

在大学生中，神经症发病率最高的主要是焦虑症、抑郁症、强迫症、神经衰弱。

1. 焦虑症

焦虑症是一种常见的神经症。大学生进入新的环境，各方面都要重新开始适应和调整。如果对自己期望过高，压力过大，凡事患得患失，时间长了，就会产生持续性的焦虑、不安、担心、恐慌，并且伴有明显的运动不安以及各种躯体上的不舒适感。患有焦虑症的人，常感到无明显原因、无明确对象、游移不定、范围广泛的紧张不安；经常提心吊胆，却又说不出具体原因。患者过分关心周围事物，注意力难以集中，从而使工作和学习效率明显下降。焦虑症的治疗可采用综合性治疗，以心理治疗为主。心理治疗主要是进行一般性的解释和说理的支持性心理疗法，即通过安慰、鼓励、保证和支持等的心理治疗，使患者消除对引起焦虑发作的思想负担和恐惧心理，使患者明了疾病的性质和产生的原因，树立治愈疾病的信心。同时，辅助药物治疗是一项十分重要的治疗措施。预防重在正确评价自己、宽容自己和悦纳自己，运用心理调节法进行自我调节，摆脱不良情绪的困扰。

2. 抑郁症

抑郁症是大学生中常见的一种心理障碍。主要表现为悲伤、绝望、孤独、自卑、自责等，把外界的一切都看成“灰暗色”的。有的大学生对枯燥的专业学习不感兴趣，对刻板的生活方式感到厌烦，因为自己学习或社交的不成功而灰心丧气，陷入抑郁悲观状态。后期的忧郁状态会导致思维迟钝、失眠、体力衰退等，对个体危害是很大的。大学生抑郁症比例较高，这主要是由于：一方面，他们对社会有各种强烈的需求，极力想表现出自己的才能；另一方面，他们对社会的复杂缺乏认识，对自身行为的合理性和可能性了解得不够深刻，加上人生观、价值观尚未稳定建立，对挫折的承受能力与心理防卫机能不成熟、不完善，因而很容易表现出抑郁的情绪和心境。

此病的治疗以支持性心理治疗或患者中心疗法为主，主要是帮助患者排除病因，消除焦虑情绪。药物治疗以抗抑郁药物为主，预后一般良好。预防的方法是正确看待人生、社会和现实，培养乐观的态度，提高对挫折的耐受力。

3. 强迫症

强迫症是指患者在主观上感到某种不可抗拒和被迫无奈的观念、情绪、意向或行为存在：患有强迫症的人，明知某种行为或观念不合理，但却无法摆脱，因而非常痛苦。这种症状大多是由强烈而持久的精神因素及情绪体验诱发的，与患者以往的生活经历、精神创伤或幼年时期的遭遇有一定的联系：患强迫症的大学生多与其性格缺陷有关，如缺乏自信，遇事过分谨慎，生活习惯呆板，墨守成规，常怕出现不幸，活动能力差，主动性不足等。

强迫性神经症的治疗方法，原则上仍应以心理治疗为主。一般性的心理治疗措施，如鼓励、说理、安慰、注意转移等以及不良人格特征的调整和认识，能起一定的作用，但具有特异性效力和良好的具体方法，目前仍在探索中。在进行心理治疗时，给以必要的抗焦虑药物一般能取得较好的疗效。因为心理治疗与药物治疗的结合在临床实际中较多，常能明显地提高其对治疗的依从性，有利于树立患者对治疗疾病的信心和耐心。

4. 神经衰弱

神经衰弱也是大学生中极为常见的心理障碍。它的特点是容易兴奋，迅速疲倦，并常常伴有各种躯体不适感和睡眠障碍。引起神经衰弱的原因，是长期存在的某些精神因素引起大脑机能活动的过度紧张，使精神活动的能力减弱。大学生神经衰弱的发生，主要是缺乏面对现实的勇气和良好的适应能力造成的，如学习负担过重、专业思想不稳定、个体自我调节失灵，对社会、对人生思虑过多，在家庭问题上、恋爱问题上犹豫徘徊等。所有这些，在患者头脑中产生强烈的思想冲突，使得神经活动过程强烈而持久地处于紧张状态，超过了神经系统本身的张力所能忍受的限度，从而引起神经功能失调。

对神经衰弱的治疗多采用综合性措施，其中心理治疗是最主要的。支持性心理治疗和认知疗法等能帮助患者端正对疾病的认识，树立信心。缓解过分焦虑，认识致病原因和机理以及治疗的知识。

第七章　大学生体育锻炼与社会健康

第一节　社会健康基础知识

一、社会健康概述与评价

每个人都具有社会化，也就是说人一出生都面对他人，面对你所处的社会环境，不管你喜欢不喜欢，社会化总是会在你身上实现，直接或间接地影响你的生活。个人对社会的适应首先表现在对自己、对他人、对家庭、对集体、对社会的态度上；其次表现在与他人和社会建立联系的方式和程度及对各种事件处理上。

社会健康，也称社会适应，是指个体与他人及社会环境相互作用，具有良好人际关系和实现社会角色的能力。有能力的个体在交往中有自信感和安全感，与人友好相处，心情舒畅、少生烦恼，他知道如何结交朋友、维持友谊，知道如何帮助别人和求助他人，能聆听他人的意见，表达自己的思想，能以负责的态度行事并在社会中找到自己合适的位置。综合国内外的一些研究成果，社会健康有主观的评价方法可以主要从以下几个方面对个人的社会健康状况做出评价：

接受与他人的差异；

能与同性或异性交朋友；

主动与人交往，有稳定而广泛的人际关系；

与家庭成员和睦相处；

当自己的意见与多人意见不同时能保留意见，继续工作；

有 1 ～ 2 个亲密朋友；

共同工作时，能容纳他人，能接受他人的思想和建议；

交往中客观评价他人，能自我批评，取人之长，补己之短。

社会健康低的人与别人交往时，总是牢骚满腹，不能耐心听取他人的劝告或建议，拒绝从他人角度考虑问题；也有些人对人际关系交往出现恐惧，害怕与他人接触，从而使自己形成孤僻的性格，不被社会接受。

二、社会对心理健康的影响

社会对人心理健康的影响主要反映在人对社会的不适应方面。

（一）对社会环境不适应

现在越来越多的人对环境适应能力差，主要表现在对各种社会现实看不惯，主要看社会的阴暗面，对社会进步性不予接受等而造成心理压力；对社会充满失望，继而产生各种精神病症，甚至自杀。有调查表明，由于社会环境不适应而产生精神病和自杀的人数每年都在上升。

（二）对家庭不适应

人一生下来注定要面对家庭，扮演不同角色，为人子、为人夫、为人父等，而有些人却不能适应这些角色更替。面对各种责任和压力，总是使自己身心疲惫，甚至产生恐惧感，进而影响自己的身体健康和心理健康。如果不加强自己现实社会角色的能力，很可能就会被自己的家庭抛弃，那么自己身心健康还从何谈起？

因此，为保持心理健康，人们既需要营养、体育锻炼、休息和其他生理方面的满足，也需要安全、友谊、爱情、柔情、支持、理解、归属和尊重等通过人际关系交往获得的心理方面的满足。从一定意义上讲，良好的人际关系、社会适应能力是非常重要的。因此，为了学习进步，为了家庭幸福，为了事业成功，为了健康长寿，为了提高我们的生活质量，应该努力培养和提高社会适应能力以及与人相处的能力。

第二节 人际关系与社会健康

一、建立良好人际关系的重要性

人际关系包括两个方面的含义：从动态角度来说，人际交往指人与人之间的信息沟通和物品交换；从静态角度来说，人际交往是指人与人之间已经形成的关系，即通常所说的人际关系。人一生中可能与各种人建立关系，这种关系是你为人处世的基础。良好的人际关系使你有归属感和安全感，使你生活充满乐趣和满足感。反之，你就会有孤独感和恐惧感，总觉得到处都是墙壁，时时都觉得别扭。因此，处理人际关系是不容易的，但是它是十分重要的，处理不好就会影响你的身心健康，从而影响你的生活质量。

二、大学生的人际交往特点

大学生的人际交往无论在愿望方面，还是在方式上都具有同他们的社会知识经验相对应的特点，主要表现在以下几个方面：

（一）交往愿望的迫切性

随着年龄的增大、生活空间的扩展、社会阅历的不断增加，大学生的交往愿望也越来越强烈。而同时，人际交往又是使大学生开阔视野、早日成熟、适应社会的重要途径，因此，大学生表现出比以往更加迫切的交往愿望。

（二）交往内容的丰富性

广泛的兴趣、丰富的情感、充沛的精力、活跃的思想使得大学生对各种自然的、社会的现象都会产生注意，希望自己见多识广，也使得他们交往的内容变得非常丰富。除了专业知识之外，交往的内容广泛涉及文学、艺术、政治、文化、历史、民俗等各个方面。

（三）交往关系的开放性

大学生的求知欲与好奇心强，最容易接受新鲜事物，加之他们来自五湖四海，家庭状况、生活经历各异，而且又有高等学府中信息灵通的特点，决定了大学生的社会交往是一个多层次、多方面的开放性系统。

（四）交往观念的自主性

日益增强的自我意识水平和独立思考能力，使得大学生为人处事不墨守成规，无论在交往方式、交往内容与交往对象的选择上虽不能避免受到传统习惯的影响，却十分重视自己的意识和主张，喜欢用自己逐步形成的观念和尺度去评价社会事物，交往观念具有明显的自主性。

三、大学生人际交往中的心理不适应

社会的复杂性和大学生心理的单纯性，常会使部分学生在交往中遭受挫折，使他们表现为自我否定而陷于苦恼或企图对抗而陷于困境，并由此产生各种各样的心理不适，影响他们正常的人际交往。从总体来看，大学生由于人际交往所产生的心理不适主要表现在认知、情绪、人格障碍三方面。

（一）人际交往中的认知障碍

对交往对象、交往关系的看法、态度将直接影响到人际关系的发展。进入大学，人际关系的含义与中学时代发生了极大变化，人际关系不再仅仅局限于建立友谊这一层面上，而是要求个体学会同形形色色的人打交道，使自己的行为模式逐渐走向成熟，符合社会要求。有些学生在开始新的生活时，仍按原来的方式进行交往或只与自己喜欢的人交往或是要求别人顺应自己的标准，常以自我为中心的思维方式来处理新环境中的人际关系，在认识和评价的过程中，一旦不符合他们的思想，便容易产生交往障碍。

（二）人际交往中的情绪障碍

大学生交往的情感性强，因此，他们对人的社会认识极易受情绪波动的影响，常常对人的看法大起大落，呈现不稳定的状态。例如，社交中的恐惧、愤怒、嫉妒都是影响正常交往的情绪障碍。

（三）人际交往中的人格障碍

这主要表现为人际交往中的自卑、怯懦、偏执及性格上面的一些缺陷，从而影响人际交往的正常进行。交往中的自卑、怯懦的形成，往往与个体不正确的自我评价有关。有些大学生在新环境下，建立人际关系面临一个自我形象问题，他们有肯定自我、保护自我的强烈要求，但他们往往根据周围人对他们的态度评价自己，这就会严重影响人际交往的质量，使他们在人与人之间的交往过程中变得自卑、退缩、怯懦，对自己的言行谨小慎微或是过分自傲或是否定他人。性格差异同样也会影响到人与人之间的正常交往。人们都希望被人理解，可有些人自私，有些人鲁莽，有些人高傲孤僻，这些不良性格都会给人际交往造成障碍。

四、怎样才能有良好的人际关系

人际关系从建立到发展是一个动态的变化过程，它使交往双方经历了从无关到关系密切的一系列不同程度的相互关联状态。

当两个人彼此没有意识到对方存在的时候，双方关系处于零接触状态。此时双方是完全无关的，谈不上任何个人意义上的情感联系。如果一方开始注意到对方或双方彼此产生了相互注意，则人与人之间的相互作用已经开始，一方开始形成对另一方初步印象或彼此都获得了对对方的初步印象。不过，此时双方还都处于旁观者的立场，还没有相互的情感卷入。

直接接触是双方情感的起始点。真正地直接接触从双方开始谈话的那一刻起，随着双方的深入和扩展，双方共同的心理领域也逐渐被发现。共同心理领域是双方情感关系的基础，共同的心理领域越多，双方可能建立的情感联系也越深刻、越稳固。同时，共同心理领域的多少与情感接触融合的程度是相适应的。心理学家按照情感融合的相对程度将人际关系分为轻度卷入、中度卷入和深度卷入。整个人际关系的建立与发展过程，实际上是一个情感卷入和交往由浅入深的过程。在这个过程中，交往双方通过采用自我暴露的方式来增加相互之间的接纳性和信任感，实际上，人际关系的深度标志，就是交往双方的情感卷入水平，根据自我暴露述评的不同，将人际交往分为定向、情感探索、情感交流和稳定交往 4 个阶段。

（一）定向阶段

定向阶段包含着对交往对象的注意、选择和初步沟通等方面的心理活动。注意是自发的选择，它本身反映着某种需要倾向。我们会发现，在聚会和集体活动等场合，虽然有很多人参加，但是能够引起我们注意并与之产生交往行为的可能只有很少几个人。我们究竟要选择谁作为交往对象并与之保持良好的人际关系，往往还要经过自觉的选择过程，我们只选择那些在价值等方面对我们有意义的人作为交往的对象。

初步沟通是我们在选定的交往对象之后试图与这一对象建立某种联系的行动，对于社交主动型的人来说，就会表现为主动与已选定的交往对象打招呼并与之攀谈。在定向阶段，交往双方暴露关于自我的信息仅仅是最表面的东西。

（二）情感探索阶段

这一阶段的目的是彼此探索双方在哪些方面可以建立真实的情感联系，而不是停留在一般的正式交往模式。在这一阶段，随着双方沟通心理领域的发现，双方的沟通也会越来越广泛。但在这一阶段，人们的话题仍然避免别人的私密性领域，自我暴露也不涉及自己的根本方面。

（三）情感交流阶段

人际关系交流阶段，双方关系的性质出现实质性的变化，此时双方的人际关系安全感已确立并有较深的情感卷入。

（四）稳定性交往阶段

在这一阶段，交往心理相容性会进一步加强，自我暴露更广泛、深刻。此时，人们已经可以允许进入自己的高度私密领域，分享自己的生活空间和财产。但在实际生活中达到这一友谊关系的并不多，许多人同别人的稳定交往都处于第三阶段，而没有更深一步的发展。

（五）人际关系的基本原则

能够得到别人的信赖和支持，有一个美好的人际关系世界，是人梦寐以求的。尽管每个人都有不同的交往动机，对朋友的渴求和期望各不相同，但心理学家仍然研究出来一些帮助人们保持友谊、避免人际关系破裂的一般原则。

1. 交互性原则

心理学家通过大量的研究发现，人际关系的基础是人与人之间的相互重视、相互支持。任何人都不会无缘无故地接纳我们、喜欢我们。别人喜欢我们往往是建立在我们喜欢他们、承认他们的价值的前提之下的。人际关系中的喜欢与厌恶、接近与疏远都是相互的。喜欢和我们接近的人，我们才喜欢和他们接近；疏远我们的人，我们也会疏远他们。只有那种真心接纳、喜欢我们的人我们才会接纳他们并愿意同他们建立和维持良好的人际关系。这就是人际交往中的交互性原则。

人际交往之所以具有交互性，主要有两个原因：第一，任何人都有着保持自己心理平衡的稳定倾向。为了对自己的行为以及与别人的关系做出合理的解释，我们倾向于同他们保持适当而且合理的关系。第二，我们会把自己的心理投射到与我们发生联系的人的身上。当我们对别人做出一个友好的行动，对别人表示接纳以后，我们也会产生别人做出相应的回答期望。如果别人的回答不符合我们的期望，我们往往会认为别人不通情达理，认为对方不值得我们投以友好，从而对对方产生一种不愉快的情感体验，产生排斥对方的情绪。

2. 社会交换原则

著名的社会心理学家霍曼斯提出，人际交往在本质上是一个社会交换的过程。人们在交往中总是在交换着某些东西，或者是物质，或者是情感，或者是其他。在这种社会交换中，人们都希望交换对于自己来说是值得的，希望在交换过程中得大于或至少等于失。不值得的交换是没有理由的，不值得的人际关系更没有理由去维持，不然我们就无法保持自己的心理平衡。所以，人们的一切交往行动及一切人际关系的建立与维持都是依据一定的价值尺度来衡量的。对自己值得的或者是大于失的人际关系，人们就倾向于建立于维持；而对于自己不值得的或者失大于得的人际关系，人们就倾向于逃避、疏远或中止这种关系。

3. 自我价值保护原则

每个人都有自尊心，都希望别人的言行不伤及自己的自尊心。自尊心的高低是以自我价值感来衡量的。自我价值感强烈，则自尊心水平高；自我价值感不强，则自尊心水平较低。大量心理学研究证明，任何人在人际交往过程中都有明显地对自我价值感的维护倾向。

研究证明，他人在人们的自我价值感确立方面具有特殊的意义。别人的肯定会增加人们的自我价值感，而别人的否定会直接伤及人们的自我价值感。因此，人们对人际关系中的否定性信息特别敏感，别人的否定会激发起强烈的自我价值保护的倾向，表现为逃避别人或者否定那些否定自己的评价以维护自己的自尊心。

4. 情感控制原则

人对于一个新的情境总是要有一个适应的过程，这个适应过程本身，就是一个逐渐地对情境实现自我控制的过程。情境的不明确或不能达到情境的把握，会引起机体的强烈焦虑并处于高度紧张的情境。例如，新入学的大学生由于对周围的人和周围的环境都缺乏了解，因而会在相当长的一段时间内都处于高度紧张的自我防卫状态，直到他们熟悉了周围的环境，理解了经常发生联系的同学、老师，才真正比较放松、适应。

五、人际关系的维护

相对人际关系的建立，人际关系的维护是一种比较困难的事。尤其是朋友之间发生了某些不愉快的冲突时，人际关系就会遇到困难。这时候，就需要应用一些技巧来维护已经形成的人际关系，使它不至于破裂。

（一）避免争论

青年人之间经常喜欢争论，这是很正常的事。我们会发现，这些争论往往都是以面红耳赤和不愉快结束的。事实证明，无论谁输都会很不舒服，更何况争论往往演化成直接的人身攻击，这对于人际关系是非常有害的。因此，解决观点上的不一致的最好途径是讨论、协商，而不是争论。

（二）不要直接批评别人、责怪和抱怨别人

任何自作聪明的批评都会招致别人的厌烦，而缺乏移情的责怪和抱怨则更是有损于人际关系的发展。要学会用提醒别人的方式，使别人感觉到我们并不认为他不聪明或无知，决不要伤及别人的自我价值感。

（三）勇于承认自己的错误

虽然承认错误是一种自我否定，但是，承认错误会给自己带来巨大的轻松感。明知错了而不承认，会使自己背上沉重的思想包袱，使自己在别人面前始终不能自如地昂起头来；承认自己的错误，等于变相承认别人，会使对方显示出超乎寻常的容忍性，从而维持人际关系的稳定。

（四）学会批评

不到不得已时，决不要自作聪明地批评别人。但是，有时善意的批评是对别人行为的很有必要的一种反馈形式。因此，学会批评还是很有必要的。卡内基总结了几种不会招致别人讨厌的批评方式：①批评从称赞和诚挚的感谢入手；②批评前先提到自己的错误；③用暗示的方式提醒别人注意自己的错误；④领导者应以启发而不是命令来提醒别人的错误；⑤给别人保留面子。

六、介绍几种常见的人际关系技巧

（一）沟通

沟通是人们之间在思想、信念、观点等方面的交流。言语、手势、表情和行为等都是良好的沟通方式，沟通越多，就越可能建立诚实、理解和信任

的人际关系。交流是人与人之间沟通的重要方式，但人与人之间的谈话并不意味着是良好的沟通，因为有些人不懂得交谈的技巧。良好的沟通需要有良好的交谈技巧。

（1）避免喋喋不休。如果你不停地讲，而他人无法插话，致使别人讨厌。

（2）考虑仔细再讲话。考虑不周而讲错会导致他人的误解或反感。

（3）营造愉快的交流氛围。除非讨论严肃的事情，人与人交谈时应努力谈一些相互都感到轻松愉快的话题。

（4）直来直去。与人交谈时应明确表达自己的思想。

（5）交换表达方式。如果别人一时无法理解你所说的意思，可用其他的方法加以表达。

（二）宽容

你的同学具有不同的背景，如有的来自农村、有的来自城市、有的家庭经济比较贫困、有的家庭经济比较富足，同学之间的生活习惯、个性特征也不尽相同。如果要与同学处好关系，你就必须承认和接纳个体的差异，容许他人用不同的方式来表达自己的思想和行为。

（三）合作

合作是指人们为了共同的目的在一起工作或共同完成某项任务的行为。假如你和同学组成一个班级篮球队，并准备与其他班级进行一场友谊赛，为做好准备工作，你应与同学各自承担相应的责任。例如，你负责该场的比赛方案，你的同学负责具体的后勤工作等，这样你不管干什么都要去干好，要用自己最大努力与同学们协同工作，这就是一种合作行为。

（四）学会拒绝

为了形成和发展良好的人际关系，你需要接受别人的想法和期望。然而，有时朋友和熟人想让你做你并不想做的事，但你又怕伤害彼此之间感情，这时该怎么办呢?

（1）诚实：告诉他人你对某些情况的真实感觉，并不说明你不想做和不能做的真正原因。

（2）友善和礼貌：不要嘲笑、讽刺或侮辱他人。

（3）口气坚定：如果你的回答听起来不坚定，别人会试图改变你的主意，让你去做你不愿做的事情，故拒绝时口气要坚决。

（4）提供一些选择空间：向他人表明，如有可能的话，以后去做现在不能做的事情。

第三节　体育锻炼与社会健康

一、体育锻炼有助于建立和维护人际关系

人际关系是指在社会活动中人与人之间进行信息交流和情感沟通的联系过程。体育锻炼能增加人与人接触和交往的机会。通过参与体育活动，你可以忘却烦恼和痛苦、消除孤独感并逐渐形成与人交往的意识和习惯。有研究表明，外向性格者比内向性格者的社会交往需要更强烈，这种社交需要通过集体性的体育活动得到满足。性格内向者更应该参与集体的体育活动，使个性逐步得到改变。

研究表明，个体坚持体育锻炼的一个重要原因是与他人交往或参与群体活动。布拉尼认为个体参与群体活动可增加群体认同感、社会化强度、刺激性及对与活动的机会。参与体育活动者要比中途退出者更能与他人形成亲密关系。

女性坚持体育锻炼似乎更加与体育活动的社会特性有关。美国有一项研

究显示，62%的女性喜欢与朋友一起进行锻炼，而男性只有26%。25%的女性与18%的男性认为，与同伴一起练习是自己坚持体育锻炼重要原因之一。斯蒂芬等人研究指出，在他们所调查的加拿大被试者中，18%的女性和12%的男性认为，不与他人一起练习就会阻碍自己继续参加活动。此外，35%的女性和24%的男性将社会交往看成是坚持体育锻炼的青少年更易形成朋友支持网络并形成良好的人际关系。

由此可见，体育锻炼不仅能促进人的社会交往活动，而且，体育活动的社会交往特性又会吸引参与和坚持体育锻炼。

二、体育锻炼有助于培养合作精神

现代社会需要合作精神，一个人的力量微不足道，一个人想在社会中取得成功，就需要与他人合作，需要得到他人的帮助。孤军奋战，难成大业。

合作能力既是体育活动者的必备素质，也是通过体育活动需要发展的一种能力。从事体育活动，特别是集体性的体育活动，需要你与他人通力合作，这不但能使集体的目标得以实现，而且个人的作用也能充分发挥。

合作是建立在团体成员对团体目标的认识相同的基础上的。在合作的社会情景中，个人所得有助于团体所得。合作的优越性体现在个人与他人一起工作时所获得的社会效益，如增加交流、相互信任等。在一些相互依赖的任务（如足球运动、篮球运动）中合作会使运动变得更有效，因为团体要获得成功，团体成员就必须相互协作、共同努力。经常性参与体育活动，特别是从事集体性的体育活动，有助于加强合作的意识，有助于培养团队精神。

三、体育锻炼有助于形成竞争意识

自从地球上有生命开始，竞争就开始存在，而且愈演愈烈，特别是高度发达的当今社会，“适者生存”的地球生命史的发展规律也体现在人类发展中，就是“竞争才有出路”。竞争与合作相对立，是指为了自己的利益和需要而同他人争胜的行为。在竞争的社会情景中，一方的得益会引起另一方的利益损失，而且个人对个体目标的追求程度高于对集体目标的追求程度。一般而言，在独立性的任务中，竞争有优越性，因为在这样的任务中，对成员间相互协作的要求不是很高，个体的活动目标不是击败他人，而是指向任务的成功。

需要注意的是，在运动中与他人竞争时，要有良好的体育道德，要遵守一定的规则，争胜主要靠自己的能力，而不是不择手段地通过伤害他人或不公平的竞争来达到目的，要通过竞争来培养自己积极进取、顽强拼搏的精神。

总之，体育锻炼对于提高人的社会健康水平具有重要的促进作用，这是由体育活动的社会特性所决定的。人在体育锻炼时，既需要交往与合作，又存在相互竞争的现象。这种在体育锻炼过程中形成的交往、合作和竞争的意识行为会迁移到日常生活、学习和工作中去。

第八章　大学生体育锻炼的营养与保健

第一节　大学生合理膳食营养

一、营养概述

合理的营养能促进生长发育、增进健康、增强免疫功能、预防疾病、提高工作效率和运动能力。营养失调，包括人体正常所需的营养素摄入不足或过剩，将影响人体正常生长发育，使机体免疫力下降，易患各种疾病。因此，应充分发挥营养的保健作用，给人体提供符合卫生要求的平衡膳食，使膳食的质和量都能适应人们的生理、生活、劳动以及其他一切活动的需要。

（一）什么是营养

生命的存在，机体的生长发育，各种生命活动及体育活动的进行，都依赖于体内的物质代谢过程。机体必须不断地从外界摄取新的构成细胞的物质、能源和其他活性物质，而且主要是从食物中摄取。这种人体不断从外界摄取食物，经过消化、吸收、代谢而利用食物中身体需要的物质（养分或养料）来维持生命活动的全过程，称为营养。营养是一种全面的生理过程，而不是专指某一种养分。营养是保证机体生命存在和延续的重要条件。

（二）什么是营养素

营养素是指食物中可给人体提供能量、构成机体成分和修复组织以及具有生理调节功能的化学成分。食物中的养分科学上称为营养素。它们是维持生命的物质基础，没有这些营养素，生命便无法维持。

二、人体必需的七大营养素及其功能

人体所需的七大营养素是水、蛋白质、矿物质、维生素、脂类、碳水化合物及膳食纤维，人体的病变往往是由这七种营养素的比例不当造成的，如果我们把握好它们的比例，就可以减少疾病的发生。

（一）碳水化合物

碳水化合物也叫糖，是由碳、氢、氧三种元素组成的一大类化合物。根据结构的不同，可将糖分为单糖、双糖、低聚糖和多糖四类。在每日膳食中最重要的碳水化合物是淀粉。各种碳水化合物除纤维素和果胶外都可被人体吸收利用。但在吸收前必须先转变为单糖（主要是葡萄糖），碳水化合物的主要功能如下：

（1）是构成机体的主要物质；

（2）为人体储存和提供热能，是机体生存和各种活动的基础；

（3）调节运动中的血糖浓度及促消化功能；

（4）是大脑唯一的能源，只有血糖水平正常，才能保证大脑的正常活动；

（5）摄入充足的糖可增加肝糖原的储备量，有保护肝脏的作用；

（6）调节脂肪代谢；

（7）节约和促进蛋白质吸收的作用。

碳水化合物的主要来源有蔗糖、谷物、小麦、玉米、大麦、燕麦、高粱、水果、坚果、蔬菜。在日常生活中，应尽量以粮食和薯类作为碳水化合物的主要来源，少吃蔗糖。若碳水化合物摄食过多，会被转化成脂肪而存于体内，使人过于肥胖，易导致高血脂、糖尿病等疾病的发生，也会妨碍机体对蛋白质和脂肪的吸取。对成人来说，一般认为有效碳水化合物的供给以占机体中总能量的 60% ～ 70% 为宜。

（二）蛋白质

蛋白质由碳、氢、氧、氮、硫及磷等元素组成，是一类含氮的高分子化合物，基本组成单位是氨基酸。它是一切生命的物质基础，人体所有细胞组织和器官的组成都有蛋白质的参与，其他任何物质是不能取代的。根据食物蛋白质所含氨基酸的种类和数量可将食物蛋白质分三类：完全蛋白质、半完全蛋白质及不完全蛋白质。

蛋白质是生命的基础，生命现象是通过蛋白质来体现的。蛋白质经常处于自我更新的状态，人体没有储存蛋白质的特殊场所，肌肉是蛋白质的临时调节仓库。

蛋白质的主要功能如下：

（1）构成和修补人体组织；

（2）维持机体正常的新陈代谢和各类物质在体内的输送；

（3）维持机体内的体液平衡、渗透压平衡和酸碱平衡；

（4）构成人体必需的催化和调节功能的各种酶和激素、抗体的主要原料；

（5）提供热能。

蛋白质缺乏会导致机体消瘦、免疫力下降，严重者可出现水肿、贫血等现象。蛋白质在体内不能储存，过量摄入会导致机体无法吸收，还会因代谢障碍出现蛋白质中毒，甚至死亡。一般成人蛋白质日需要量为每千克体重 1.2 ～ 1.5 克，对于 18 岁以上的成年人来说，每日应摄入 70 ～ 90 克蛋白质。

（三）脂类

脂类由碳、氢和氧所组成。脂类是构成人体组织细胞的必需营养物质，通常所说的脂肪是指甘油三酯、胆固醇和磷脂，所有的脂肪中都含有相同分子的甘油，但接在甘油上的3个脂肪酸分子，它们的链长度与结构都有很大的区别。食物中95%的脂类是甘油三酯，人体内储存的脂类中，甘油三酯占95%，5%是其他脂类。

脂肪的主要功能如下：

（1）提供能量，维持体温恒定；

（2）构成机体组织；

（3）具有内分泌功能；

（4）供给机体必需的不饱和脂肪酸；

（5）具有隔热和保护作用；

（6）提高糖的利用率，节约蛋白质；

（7）促进脂溶性维生素的吸收和利用，增加食欲和饱腹感，供给必需脂肪酸。

在世界各地，脂肪的摄取量显著不同：在许多发展中国家，脂肪的摄取量是能量摄入量的10%～20%；而在发达国家，脂肪的摄取量占全部能量的35%～45%。我国每日膳食中营养素的供给量建议中未明确规定脂肪的供给量，但应注意保持脂肪在总膳食能量中应占有适当的比例。一般膳食中的脂肪量应为总热量的25%～30%。摄入过多饱和脂肪酸易导致肥胖症，诱发心脑血管疾病、高血压、糖尿病等。脂肪的主要来源有植物油（玉米油、菜油、大豆油、葵花籽油等不饱和脂肪酸）、动物肉及内脏、各类坚果及豆类、部分粮食（玉米、高粱、大米、小米等）、海鱼等。适当补充一定量的不饱和脂肪酸，可以预防高脂血症和老年痴呆症，对学生来说可提高记忆力。

（四）水

水是一切生命的源泉，人对水的需要仅次于氧气。它易得、廉价，但又是七大营养素中最为必要的营养素。水是人体内含量最多的组成成分，约占人体体重的60%。鉴于它在生命活动中的重要功能，且作为饮食中的基本成分，必须从饮食中获得，故也常被当作一种营养素看待。

水的生理功能如下：①构成细胞的组织成分；②促进营养素的消化；③调节体温；④润滑作用；⑤运输体内物质；⑥治疗作用。

水摄入不足或丢失过多，都可引起体内失水。重度缺水可使细胞外液的电解质浓度增加，形成高渗——细胞内水分外流，引起脱水。一般情况下，失水达体重2%时，会感到口渴，尿少；失水达体重10%以上时，可出现烦躁，眼球内陷，皮肤失去弹性，全身无力，体温、脉搏增加，血压下降；失水超过体重20%时，会引起死亡。如果水摄入量超过肾脏排出的能力，可引起体内水过多，甚至引起水中毒。

水的需要量主要受代谢情况、年龄、体力活动、温度、膳食等因素的影响，故水的需要量变化很大。

（五）维生素

维生素是维持人体正常生理功能和健康所需的一类有机化合物。它不能为人体提供能量，又不参与细胞组织的构成，但却是物质代谢中调节辅酶因子的重要组成成分。缺乏任何一种维生素都会引起生理功能的障碍。维生素只能在食物中摄取，不能在体内合成。目前已发现的维生素有20多种，根据维生素的溶解特性，把它们分成两大类：脂溶性维生素和水溶性维生素。脂溶性维生素比水溶性维生素更能长久地储存在体内，且多存于人体的肝脏和脂肪组织中。至于水溶性维生素，随着排泄且在烹调或水洗时溶解于水中，所以养分极易流失。

（六）矿物质

矿物质也称无机盐，它包括除碳、氢、氧、氮以外的存在于体内的其他各种元素，现已发现人体必需的20多种矿物质，约占人体重量的4%～5%。

其中含量较多的是钙、磷、钠、钾、氯、硫、镁7种，被称为常量元素；含量较少的是铁、碘、氟、硒、锌、铜等，被称为微量元素。无机盐可构成机体组织，调节生理机能，维持正常代谢。体内不能合成无机盐，且在体内代谢过程中会丢失，必须从食物中摄取。

（七）膳食纤维

膳食纤维是指不被人体小肠消化吸收，而在人体大肠能部分或全部发酵的可食用的大分子多糖植物。膳食纤维不能被人体消化，也不能转化为能量，但易被肠内细菌所酵解。

膳食纤维主要存在于水果和蔬菜里面，其他植物性食物如谷类、豆类中也有，但果蔬类中含的膳食纤维种类最齐全、最丰富。因此，多吃蔬菜、瓜果是增加膳食纤维摄取量的一个有效方法。

三、大学生膳食营养指南

大学生仍处于生长发育的关键时刻，同时由于他们处于人生中最活泼好动的时期，体力活动相对较大，又面临着艰巨的学习任务，满足营养需求显得尤为重要。因此，大学生更要懂得合理营养，讲究平衡膳食，科学配食，使饮食更符合健康要求。

（一）大学生的生长发育特征

大学生处于生长发育期，身体的可塑性很强。低年级大学生已经经历了人生最后一个快速发育的高峰期，身高、体重、胸围、肩宽、头围、骨盆等外部形态已逐渐转入缓慢发展阶段。在此年龄阶段，肌肉的生理特点也由肌肉纤维纵向发展、中枢神经系统对肌肉的调节不完善、肌群活动不协调、肌肉力量差的情况转向肌肉纤维纵向发展基本结束而向横向发展，肌群活动逐渐协调，肌肉中的水分逐渐减少，而肌肉收缩的有效成分蛋白质以及脂肪、糖和无机盐的含量增加，肌肉的重量已接近成年人的水平。

（二）大学生合理营养摄入的原则

1. 平衡性原则

平衡是指人所摄取的各种营养成分与身体的生理需要之间形成相对平衡，反之则称为营养失调。营养失调的一个方面是营养不良，另一个方面是营养过剩。因此人体营养需求与补充之间应保持相对平衡。

2. 适当性原则

适当是指人所摄取的各种营养成分之间的配比要合理，即在全面和均衡的基础上进行适当的饮食搭配。人体元素组成与人体在不同状况下对各种营养的需要量是有一定比例的，只有合理的营养搭配，尤其是热量中蛋白质、脂肪和碳水化合物三者的比例要合理、适当，才能有利于人体更好吸收与利用营养成分。

3. 全面性原则

全面是指人所摄取的各种营养成分要全面，不能偏食。没有任何一种天然食物能够包括人体所需的各种营养素，也没有单一营养素能够具备全部的营养功能。因此，无论哪一种食物的营养有多丰富，都不可能完全满足人体健康的需要，只有通过摄取多种食物中包含的各类营养成分，才能确保人的健康需要。

4. 针对性原则

每个人的遗传因素、身体状况、所处年龄阶段、生活环境、四季变化、营养状态等各方面的条件均不相同，因此，在营养摄入和补充方面应区别对待。当生活和工作环境、生理条件改变时，营养素的供给应予以适当调整。

（三）大学生对饮食营养的需求

（1）重视早餐。人的脑力活动主要靠血中葡萄糖的氧化供给热量，而血中的葡萄糖则是由一日三餐的饮食供给的。如果下午五点半吃饭，到第二天早晨五点半已经过了12个小时了。这时血糖已降到较低水平，如再不补充饮食，血糖还会继续下降。血糖量不足，脑力活动将会因能量缺乏而减退，这时注意力不集中，思维紊乱，并出现饥饿、头昏、四肢乏力、手抖、心慌等症状。经常如此还会使机体抵抗力下降，容易患各种疾病，还可能导致皮肤干燥、起皱和贫血等，加速人体衰老。早餐既要吃好又要吃饱。吃饱才能提供充足的能量，吃好才能供给丰富的营养。

（2）多吃谷类，供给充足的能量。男性大学生每日需要能量为2500千卡，女性大学生为2100千卡，同时还需要各种维生素、无机盐和微量元素等。

（3）保证鱼、肉、蛋、奶、豆类和蔬菜的摄入。男性大学生每天需要蛋白质90克，女性大学生为80克，其中优质蛋白质应占总蛋白质摄入量的30%～40%。

（4）参加体力活动，避免盲目节食。在日常饮食中，应注意脂肪量的供给，可多选用植物脂肪。

（四）大学生适宜吃的食物

（1）全麦类食品。它不仅是极好的碳水化合物来源，而且还富含麸皮及维生素、纤维素等。

（2）鸡肉与鸡蛋。它们是最好的蛋白质来源。在动物性食品中，它们含有的脂肪量也最少。

（3）鱼与水产品。它们虽属动物性食品，但却富含能使血液胆固醇降低的多种不饱和脂肪酸。

（4）牛奶与奶制品。喝牛奶就能维持正常的生命活动。牛奶还含有钙与磷，钙在保证人体骨骼系统发育方面，磷在新陈代谢中，都是必需物质。

（5）蘑菇。蘑菇中的香菇富有一定量的钾、磷矿物质，是保健类食物之一。

（6）柑橘。柑橘是常见的营养价值颇高的水果。它含有维生素C、大量的钙、磷及维生素 A、纤维素等，是恢复人体体力的最好水果。

（7）香蕉。香蕉在供给低热量、低脂肪方面是非常有益的水果，它还含有丰富的钾元素。

（8）胡萝卜。胡萝卜富含维生素 A，维生素 A 对视力、骨骼的发育以及免疫系统功能等方面均有不可低估的作用。

（9）马铃薯。马铃薯俗称“土豆”，它的营养价值曾被人们误解。它除了含有丰富的淀粉外，还含有维生素 C 及镁、铁、磷、钾等物质。

（10）矿泉水。优质矿泉水能补充水和矿物质，特别是运动中的补水。

第二节　大学生体育锻炼与科学营养

一、体育锻炼与营养的关系

营养和体育锻炼是维持和促进人体健康的两个重要方面。营养对参与运动的人来说具有重要意义。它不仅关系着人的身体健康，而且对运动成绩的提高具有一定作用。出色的运动成绩是建立在良好的健身基础上的，而营养则是维持健康的重要因素。运动员在练习和比赛中体力消耗极大，如果不能及时得到足够的营养补充，就会影响体力恢复，出现机能下降和疲劳等症状，影响练习效果和运动成绩的提高。现代科学的发展，使营养不仅是一般地维持健康的作用，更是合理利用营养来促进活动能力和运动成绩的提高，发挥出机体最大的运动潜能。营养和体育锻炼是维持和促进人体健康的主要因素。营养素是构成和修补组织的原料，是调节器官功能的主要物质，而体育锻炼可以促进组织器官的发育及功能的改进。如果注意营养而忽视体育活动，其结果就会导致肌肉松弛、肥胖无力，如果只进行体育锻炼而缺乏适当的营养，身体就会消耗过多，有损健康，容易在各项活动中患各种伤病。

二、体育锻炼对营养的基本要求

（一）热量供给应充足

人体在运动中的热量消耗非常大，在膳食中必须供给充足的热量，维持热量平衡。据调查我国大学生中男生平均每日的热量消耗为 2500 千卡，女生平均每日为 2100 千卡；经常参加锻炼的男生热量消耗为 3300 千卡，女生为 2500 千卡。如果热量长期供给不足，会引起身体消瘦、体重减轻、抵抗力减弱、运动能力下降，还会影响其生长发育。但是，如果人体摄入热量过多，又会引起体内脂肪增多，导致体重增加。

（二）根据不同运动性质合理分配营养

食物中的蛋白质、脂肪和糖在体内氧化分解后产生热量。三者的比例对体内代谢状况和机体工作能力有一定的影响，在一般人的饮食中，蛋白质、脂肪和糖的发热量的比例应为 1 ∶ 1 ∶ 4。

（三）合理的膳食规律

一般来说，保证一日三餐就基本可满足人体对营养的需求。但是，经常运动的人就应根据运动量和强度以及运动对消化功能的影响来合理安排膳食质量和时间。一般来说，运动后 30 ～ 45 分钟后进餐，运动前 1 小时进餐是比较合理的。

一日三餐的分配原则是：运动前的一餐，食物的量不宜过多，但须有一定的热量，食物要易于消化并含有较多的糖、维生素和磷（如面包、蛋糕、牛奶等），少含脂肪和纤维素；运动后的一餐可吃得较多；晚餐不宜吃得过多，也不易吃难消化和有刺激性的食物，以免影响睡眠。如剧烈运动是在中午前进行的，则三餐的热量分配应为早餐 30% ～ 35%、午餐 35% ～ 40%、晚餐 25% ～ 30%；若剧烈运动的时间是在下午，则午餐的热量应减少为 30% ～ 35%，适当增加午餐和晚餐的热量。

（四）食物体积小，发热量高，营养素齐全

为满足人体对各种营养素的要求，食物尽量多样化，防止偏食、挑食引起营养缺乏症。运动前的食物一般选择容易被消化、吸收，但体积不能太大、热量不能太高。一般情况下，每人每日摄取食物总量不宜超过 2.5 千克。

三、体育锻炼中的营养补充方法

（一）运动前的饮食

运动前适当的饮食可以提高运动的效果和比赛的成绩，尤其是对后者的影响更大。不适当的饮食会引起肠胃不适或较早感到疲劳，无法发挥出应有运动能力。运动前的饮食依据个人的喜好、习惯、适应的程度和参与的运动有所不同，总体上讲，运动前的适当饮食的好处是：第一，为机体的肝糖原做最后的补充，保证整个运动的过程有足够的能量。运动中对糖的利用是渐次的，随着时间的延长，会依次动用肌糖原、血糖，最后是肝糖原。如果出现肝糖原存量不足，会使人感觉疲劳，导致运动能力下降。第二，提供充足的水分，使机体处于水合状态。

1. 运动前应该食用的食物

运动前应以高糖低脂低蛋白食物为主，例如面食、米饭和水果等，这些食物容易消化，又能提供糖类。作为运动时的能量来源，如果运动的时间超过 60 ～ 90 分钟，可以选择升糖指数较低的食物，如面食、运动饮料，这些食物较易消化，能够迅速地提供糖类。含高纤维素的食物比较容易造成腹部不适，应避免在运动前食用。

2. 选择好进食的时间

进食的时机随着运动的时间和食物的种类而不同，但共同的原则是，在运动过程中可提供充足的营养和能量，而又不至于在运动过程中造成肠胃不适。一般而言，正常一餐的食物约需 3 ～ 4 小时的消化时间，才不至于在运动中感到肠胃不适，分量较少的一餐约需 2 ～ 3 小时，少量的点心只需 1 小时，这些情形依照个人在运动时对胃中食物的感觉不同而有差异。通常，运动前进食以七成饱为宜。如果你在运动时对胃中的食物很敏感，少量的食物就会令你感受到饱胀不适，你就需要让食物有更长的时间消化，或进食更少的食物。

身体上下震动比较大的项目，例如篮球、跑步等，对胃内食物通常比较敏感，少量食物可能就会感到不适，这时就需要在运动的更早前进食，或是减少食物的摄取，以减轻这些症状。身体震动相对小的运动，例如自行车和游泳运动，受到胃中食物的影响不太明显，对于进食的时间和食物的选择有一定的弹性。

少数人若是在运动前 15 ～ 120 分钟吃甜食或是高升糖指数的食物，例如运动饮料、面包、蜂蜜等，在运动时会发生低血糖，感到头晕和乏力。因为这些食物可刺激胰岛素的分泌增加，而运动时肌肉耗能也增加，两者都可引起血糖下降，从而影响运动能力。为避免出现血糖过低的症状，最好的方法是，短时间的运动（持续时间在 40 分钟以下）可在运动前 5 ～ 10 分钟进食甜食，胰岛素的分泌无法在这么短的时间内反应，而在运动开始后，胰岛素的分泌会被抑制，不会对升高的血糖产生反应，也就不会有上述的血糖过低的症状发生。

如果运动时间较长，则宜在运动前两小时进食，此时，胰岛素增高的因素已不明显。没有任何一种食物或是任何的进食时间表可以适合每一个人，每个人都需要在练习时实际体验，找出最适合、最有效的食物和进食时间。

（二）运动后的营养与恢复

体育锻炼后的恢复是体育锻炼中非常重要的环节，恢复的好坏不仅直接影响到锻炼的效果，而且还关系到第二天的运动能力。越来越多的研究表明，锻炼后简单的休息仅是恢复手段之一，如果能适当地补充营养，将对体能的恢复有很大帮助。

运动后的营养主要作用有以下三个方面：第一、能补充因汗液而损失的水分和电解质；第二、能补充运动中消耗的糖；第三、修复受伤的组织。

1. 水分的补充

剧烈的运动会导致机体大量水分的丢失，失水会影响运动的能力，即使失水只占体重的1%，也容易引起疲劳和不适；失水占体重3%，不适感加重，运动能力可下降20%～30%。如果在运动中已经补水，但通常都少于丢失量。因此，在运动后机体还是处于不同程度的缺水状态，需要积极地加以补充。一个明显的指标是排尿，如果在运动后的1～2小时中，排尿量很少或是完全没有，而尿液的颜色很深，表示身体仍然处于缺水的状态，仍需补水，直到排尿量恢复正常，而且尿液颜色变成很淡或是无色，这才表示身体已经有了足够的水分。

2. 电解质的补充

汗液中的主要电解质是钠离子和氯离子，还有少量的钾和钙。进行了长时间的运动，例如长跑或是在酷热的天气下连续剧烈运动数小时后，可在运动后以淡盐水或运动饮料补充水分和电解质。一般情况下，运动后电解质的丢失在正常的饮食中可得以补充。在出汗较多的情况下，特别是在夏天从事剧烈运动时，应适当喝些淡盐水。夏天气温高、湿度大，人体通过排汗将大量热能及时散发掉，以保持体温的相对稳定。在机体大量排汗的同时，带走了不少无机盐，如钠、钾、镁等。据测定，跑一次马拉松，随汗液带走30克氯化钠。而一个人每天从食物中摄取的氯化钠只有10～15克，这样势必引起机体缺盐，以致疲乏无力，甚至引起肌肉痉挛或抽筋。

3. 糖类的补充

糖原是运动时的主要能量来源之一，存在于肌肉和肝脏中。肌肉中的糖只能供给肌细胞所用，而肝脏中的糖可以以葡萄糖的形式释放到血液中，供给肌肉以及身体其他器官所需。体内糖存量不足以应付运动所需是造成疲劳和运动能力降低的原因之一。运动后体内的糖存量显著地降低，若没有积极的补充，下次运动时的表现就会受到肝糖原不足的影响而降低。

研究显示，在运动后两小时内，身体合成肝糖原的效率最高，两小时后则恢复到平常的水平。因此，在运动后迅速补充糖类，就可以利用这段自然的高效率时段，迅速地补充体内消耗的肝糖原。如果下次锻炼或比赛是在 10 ～ 12 小时之内，这段高效率期间特别重要，因为如果错过这个时段，即使在后续的时间吃进了足够的糖类，身体可能没有足够的时间完全补充消耗的肝糖原，使得体内的肝糖原存量一次比一次降低，越来越容易感觉疲劳。若下一次运动在 24 ～ 48 小时之后，即使错过这段时间，接下来只要着重于高糖类的食物的摄入，仍然有足够的时间补充所有消耗的肝糖原。

4. 肌肉和组织的修复

即使是没有身体接触的运动，也会造成肌纤维和结缔组织的损害，运动后的酸痛部分来自受损的肌肉组织。身体接触性的运动，例如篮球、足球、橄榄球，会造成更多的肌肉损伤。运动后迅速地补充蛋白质有助于修复受损的肌肉和组织，受损的肌肉合成和储存肝糖原的效率也会降低。因此，参与身体接触性运动，或是比赛后受伤的运动员，需要补充更多的糖类，也需要把握运动后两小时的那段高效率期间，有效地补充体内消耗掉的糖原。

5. 适合食用的食物

运动之后，常有皮肤失去光泽，肌肉发胀，关节酸痛的现象，这是因为体内的糖、脂肪、蛋白质被大量分解，在分解过程中产生乳酸、磷酸等物质，这些酸性物质刺激人体组织器官，使人感到肌肉、关节酸胀，此时如果单纯食用富含酸性物质的肉、蛋、鱼等，会使体液更加酸性化，不利于疲劳的解除。因此应当适当增加碱性食品的摄取。

6. 应该避免的食物

大运动量运动后，应避免喝酒，酒精有利尿的作用，会降低体内的水分，也会减少肝糖原的合成，还会影响受损组织的复原，对于运动后的恢复很不利。运动后也应该避免饮用含有咖啡因的饮料，例如咖啡、茶等。

四、体育锻炼中营养补充注意事项

（1）在体育锻炼的膳食结构中，注重对糖的补充。糖是体内重要的能源物质。长时间运动，尤其激烈比赛时，体内肌糖原和肝糖原都大量消耗，所以，应注意在运动前后和运动中补充糖。研究表明，运动前补糖宜安排在上场之前的 1.5 ～ 2 小时；运动中可每隔 15 ～ 30 分钟或 30 ～ 60 分钟补糖；运动后的补糖时间愈早愈好，最好不超过运动后的 2 小时。

（2）锻炼前应吃容易消化的食物，少吃高脂类食品，以免赛前腹胀。

（3）不宜空腹参加体育锻炼，应在锻炼前 2 ～ 3 小时进餐。

（4）运动中由于水分、盐分丢失多，能量消耗大，因此途中通过饮料补充能量、盐分和水分，应少量多次，切不可一次性大量饮水，否则大量水分渗入血液，使血液稀释，血量增多，会加大心脏、肾脏的负担，使胃液稀释，影响消化和食欲。同时随汗水大量排出，还导致盐分的流失。间隔 20 ～ 30 分钟，每次 150 ～ 200 毫升 / 次为宜。运动后不要喝 5℃以下和 15℃以上的饮料，喝 10℃左右的凉开水最佳。

（5）锻炼后按照补水原则，逐步恢复机体的水源平衡。在休息 2 ～ 3 小时后，可吃一些精细、可口、高热量的食物，以促进热量及其他营养素恢复平衡。

五、不同运动项目的营养补充要点

（一）不同运动项目营养补充要点

1. 速度性运动的营养补充

速度性运动的代谢特点是能量代谢率高，由于运动中缺氧，能量来源主要依靠 ATP–CP 功能系统和糖酵解功能系统。短时间大强度运动形成的大量酸性代谢产物在体内堆积，血液和神经系统都受到很大影响。为了迅速供给体内能源物质，减少体内酸性物质的形成，食物中应含较多易消化、吸收的糖类、维生素 B1、维生素 C、磷以及蛋白质，并应多增加蔬菜和水果。

2. 耐力性运动的营养补充

耐力性运动的代谢特点是运动时间长，能量代谢以有氧氧化为主，肌糖原消耗大，蛋白质分解加强，脂肪供能成为主要物质。耐力性运动对营养素的需要量较高。应供应足够的糖，增加体内糖原储备的同时，还需在膳食中增加蛋白质、铁和维生素等营养素的摄入。

3. 力量性运动的营养补充

力量性运动要求肌肉有较大力量和爆发力，热量消耗较大，体内蛋白质代谢快，由于肌肉蛋白增长的需要，对蛋白质要求高，因此应多吃含蛋白质的食物。在训练初期，增加蛋白质和维生素 B1 的供给量是必不可少的。同时也要保障糖类、铁、钙和维生素 C 的供给。

4. 灵巧性运动的营养补充

灵巧性运动要求机体的协调性高，神经系统紧张，同时为完成高难度动作，必须对运动者的体重加以控制。膳食中应有充分的蛋白质、维生素 B1 和磷，但脂肪不宜过多，以免影响体重和体脂。

5. 球类运动的营养补充

球类运动对速度、耐力、灵敏和力量等素质都有较高要求，所以球类运动的供应要做到全面。球类比赛中，一般不必进食，可服少量含水果酸及维生素 C 的饮料；若饥饿，可在饮料中加葡萄糖。

6. 游泳运动的营养补充

游泳时由于水中散热增加，能量消耗很大，要求多吃含热量较高、脂肪及维生素 A 多的食物。短距离游泳要多吃些含蛋白质的食物，长距离游泳应多吃含碳水化合物的食物。机体散热量增加，能量消耗加大则膳食的热能要高，要注意补充较多的脂肪和维生素 A，以利于保持体温和保护皮肤。

（二）不同季节营养补充要点

1. 冬季运动的营养补充

冬季气温较低，寒冷的环境使机体代谢加快、散热加快，所以膳食中应增加蛋白质及脂肪含量。

2. 夏季运动的营养补充

夏季体内物质代谢变化大、出汗量大，体内水分、钙、钠、钾及维生素大量消耗和丢失，及时合理地补充水和电解质及维生素比补充蛋白质、糖、脂肪更加重要，这是增加散热过程、防止中暑所必要的。膳食搭配应清淡可口，多吃蔬菜和水果，以增加无机盐、维生素的摄入。

第三节 自我医务监督的意义和内容

一、自我医务监督的意义

自我医务监督是指体育锻炼者，采用简单易行的医学检查方法，观察自己的健康和身体机能状况。通过自我医务监督，可以间接地评定运动量的大小，合理安排运动负荷，及时预防过度练习，避免运动性疾病出现。因此，自我医务监督是体格检查的补充措施，也是掌握运动量和安排体育锻炼的重要依据，对体育锻炼、教学与训练工作有着极其重要的指导意义。

二、自我医务监督的内容

自我医务监督的内容大致可分为主观感觉和客观检查两大部分。

（一）主观感觉

主观感觉能反映整个活动状况，首先是中枢神经系统。自我监督时，可根据自身的感觉情况，评定为良好、正常或不正常等。

1. 运动心情

运动心情可根据自我对运动兴趣的区分，评定自我心情为很想锻炼、愿意锻炼、不想锻炼、冷淡或厌倦等。

2. 食欲

体育锻炼消耗大量能量，因而食欲增加。如果运动后不想进食或食欲减少，并在短时间内不能恢复，表明胃肠道消化吸收机能有所下降，可能受运动量、锻炼者身体机能及健康状况影响。可评定为食欲良好、食量大、食欲一般、食欲不佳等。

3. 睡眠

良好的睡眠状态应是入睡快，醒后精力充沛，反之表明睡眠失常。睡眠状态分为良好、一般、入睡迟、夜间易醒、失眠等。

4. 排汗量

排汗量的多少与运动量大小、训练程度、气温、温度、饮水量、衣着厚薄以及神经系统状况有着密切的关系。在外界条件相同的情况下，未经训练者排汗量多。随着训练程度的提高，排汗量可减少。如果在相同情况下，排汗量较过去有明显的增多，特别是夜间睡眠中出大量冷汗，表明身体极度疲劳，或是内脏器官患病的征兆，应加以注意。在自我监督表中，可填写排汗量一般、较多或明显增多、夜间出冷汗等。

（二）客观检查

1. 脉搏

测量脉搏时应注意频率节奏。若基础心率比过去减少或无变化，节奏齐，说明身体机能良好；若每分钟增多 12 次以上，说明身体机能不良，与疲劳和病症有关。发现不良反应应及时检查治疗。脉搏的测试通常取 30 秒为计数单位，分别记下三个 10 秒钟的数值。

2. 体重

运动阶段，体重出现“进行性下降”现象，并伴有其他症状（如睡眠失常、情绪恶化等），可能是早期过度疲劳或身体慢性消耗性病变（如肺结核、营养不良）的表现。少年如体重长期不增长，应及时查明原因。

3. 运动水平

运动水平长期得不到提高，甚至有所下降，可能与身体机能下降有关，也可能是过度疲劳造成的。

4. 客观指标

根据检测设备和专项特点还有很多客观指标，如定期测握力、肺活量、呼吸频率以及其他的生理指标。

第九章　体育锻炼的基础内容和能力培养

第一节　篮球运动

一、篮球基本技术与练习方法

（一）移动

移动是队员在比赛中改变位置、速度、方向和争取高度时所采用的各种脚步动作的统称。

1. 基本技术

（1）起动

起动是队员在场上由静止状态变为跑动状态的一种脚步动作。突然快速起动在比赛中运用最多，是摆脱对方最简单、最有效的方法。起动时，前脚掌要短促而迅速地用力蹬地，使动作具有突然性。起动的前几步要小而快速，同时上身迅速前倾或侧转，向跑动方向转移重心，手臂协调摆动，能在最短的距离内充分发挥速度或以起动超越对方。

（2）变向跑

变向跑是队员在跑动中突然改变方向并加快速度来摆脱防守的一种方法。变向时，上身稍向前倾，同时右（左）脚前脚掌内侧用力蹬地，随之腰部扭转，上身向左（右）前倾，移动重心，左（右）脚向左（右）前方跨出一小步后，右（左）脚迅速同左（右）腿的侧前方跨出一大步，继续跑动。

（3）侧身跑

比赛时，队员在跑动中为了更好地摆脱或超越对手，同时观察场上变化接应队员，经常采用侧身跑。侧身跑时，头部和上身放松地向球的方向扭转，同时侧肩，脚尖朝着跑的方向，既要注意观察场上情况，又要保持奔跑速度。

（4）急停

跨步急停：队员快速跑动到最后两步时，先向前迈出一步，用脚后跟着地并过渡到全脚掌抵住地面，迅速屈膝，同时身体稍向后仰，转移重心，减缓向前的冲力。第二步着地时，身体侧转，脚尖稍向内转，用前脚掌内侧蹬地，两膝弯曲，重心落在两脚之间。跳步急停：队员在近距离慢跑中，用单脚或双脚起跳（离地不高），上身稍后仰，两脚同时落地。落地时用前脚掌内侧着地，两膝弯曲，下降重心，保持身体平衡。

（5）转身

前转身：一脚从中枢脚脚尖前绕过移动为前转身。如向左做前转身时，左脚为中枢脚，右脚前脚掌用力蹬地，同时上身向左转动。

后转身：一脚从中枢脚跟后面绕过移动为后转身。如向右做后转身时，左脚为中枢脚，身体重心移到左脚，右脚前脚掌用力蹬地，同时上身向右转动。

（6）滑步

前滑步：由前后站立姿势开始，向前滑步时，前脚向前跨一小步，与此同时后脚用力蹬地向前滑一步，保持开立姿势。注意屈膝降低重心。

侧滑步：由两脚平行站立姿势开始，向左侧滑步时，左脚向左跨出，落地的同时，右脚蹬地滑动，跟随左脚移动，保持屈膝低重心的姿势。身体不要上下起伏，两脚不要交叉，重心要落在两脚之间。向右侧滑步时动作相反。

（7）后撤步

前脚掌内侧用力蹬地，重心后移，然后将前脚移至后脚的斜后方，紧接前滑步，保持防守位置。

2. 练习方法

（1）基本站立姿势（面向、背向、侧向），听或看信号起动跑的练习。

（2）自抛或别人抛球后，迅速起动快跑，把球接住。

（3）成一路纵队，采用全场“之”字形急停急起。练习时，一队员急停变向后，第二名接上再做，依次进行。

（4）看手势做前、后、侧滑步，后撤步练习，全场“之”字形滑步练习。

（5）两人一组，一攻一守练习。

（6）两人一组，一人运球做各种变向、变速运球，另一人根据对方运球做相应的防守动作。

（二）运球

运球是篮球比赛中个人进攻的重要技术，是组织全队进攻战术配合的重要桥梁。运球练习可以提高控制球、支配球的能力。经常做各种运球练习，不仅可以提高运球技术，而且对传接球、投篮等技术都有很大的促进作用。

1. 基本技术

（1）急停急起运球

在防守较紧的情况下，运球向前推进时，可利用急停急起的变化来摆脱对手。动作方法：在快速运球中，突然急停时，手拍按在球的前上方。运球急起时，要迅速起动拍球的后上方，要注意用身体和腿保护球。

技术要点：运球急停急起时，要停得稳、起得快。

（2）前变向运球

当对手堵截运球路线时，突然向左或向右改变运球方向，摆脱防守的运球方法。动作方法：以右手为例，运球向右侧前进，遇到对手堵截前进路线时，右手拍球的右上方使球从体前弹向左侧。同时右脚向前跨，上身向左用肩挡住对手，然后换左手按球的后上方，左脚跨出，从对手的右侧继续运球前进。

技术要点：手、脚、肩、身体协调配合。

（3）虚晃运球

在对手堵截运球路线时，不换手的横运球，改变球路线，摆脱防守的运球方法。动作方法：运球假动作突破是运球队员利用腿部、上身和头部虚晃，佯作运球动作迷惑对手，使其产生错误判断而做出抢球动作。当其一侧露出空隙时，立即运球突破，左晃右过，右晃左过。

技术要点：手按拍球的部位和拉拍球的动作要连贯。

（4）背后运球

这是在运球前进中，当遇到对手堵截一侧时，而且距离较近而无法采用体前变向运球时，所采用的一种运球方式。

动作方法：以右手运球，向左侧变向为例。变向时，右脚在前，右手将球拉到右侧身后。迅速转腕拍接球的右后方，将球从身后拍按至身体的左侧前方，然后用左手运球，左脚向前，加速前进。

技术要点：手拉拍球的右外侧，手、脚、腿及身体协调配合。

（5）转身运球

当对手逼近，不能用直线运球且体前变向运球突破时所采用的一种运球方法。动作方法：变向时，左脚在前为轴，做后转身。同时，右手将球拉至身体的左侧前方，然后换手运球，加速前进。

技术要点：蹬地、转身，拉引球、拍按球动作协调。

（6）胯下运球

当防守队员迎面堵截时，用这种运球摆脱防守方法。动作方法：当防守队员迎面堵截，贴得很近时，以右手运球为例。变向时左脚在前，右手拍按球的右侧上方。将球从两腿之间运至身体左侧然后上右脚，换手运球，加速。

技术要点：拍按球的右侧上方，球从两腿之间穿过，上步、换手要协调。

2. 练习方法

（1）原地运球：听哨声或看手势，做各种运球练习，体会运球动作，增强手感，逐步提高控球能力。

（2）直线运球：分两组或多组，成横队站于端线处。第一组持球行进间高运球至另一端线，返回时换左手运球，然后将球交给下一组，轮流进行。

（3）变向换手运球：身后运球转身，都采用每人一球，从端线的一边行进间“之”字形依次运到另一边。

（4）对抗练习两人一组一球，全场一攻一防，进攻者采用各种运球方法，从一端攻到另一端攻防交换。

（三）传球、接球

传球、接球是实现战术组织配合的纽带，它能把5名队员连成一个整体，充分发挥集体力量，体现篮球运动特点。巧妙准确的传球，能打乱对方防御部署，创造更多、更好的投篮机会；若接到传球后直接投篮得分，则这个传球被称为“助攻”。稳定牢靠合理的接球，能弥补传球的不足，从而很好地完成传球、突破、投篮等动作。

1.基本技术

（1）持球手法与传出后的手形

手法：根据手的大小，两拇指八字或一字相对，手指展开拿球。手心不应触球。

（2）持球姿势与方法

持球基本姿势是可投、突、传的三威胁姿势。它的动作要领：脚尖正对篮圈，前后开立，屈膝，背要直。躯干要对篮，球放在胸前，抬头看防守及观察场上情况。

（3）传球技术与方法

传球由动作方法、球的运行路线和球的落点构成，这是评价传球质量的重要指标。①双手胸前传球。双手胸前传球是一种最基本而又最常用的传球方法。这种传球快速有力，可在不同方向、不同距离中使用，而且便于和突破、投篮等动作相结合。动作方法：以基本姿势站立，双手持球，向传球方向迅速伸臂、抖腕，同时身体向传球方向移动。初次练习传球时，应向前跨一步以帮助传球。技术要点：手臂前伸与手腕后屈的协调，伸臂与拨腕指的衔接。②双手头上传球。双手头上传球出手点高，便于与头上投篮相结合，与突破、运球等技术相结合使用时，增加动作的幅度，所以它适于高大队员使用。动作方法：传球时应将球举过头顶。使用双手持球，球高过前额，目光集中在传的点上，双手朝向传球的方向，应意识到对手可能会封盖传球。通过抖动指腕将球传出，球就呈直线传到同伴手中。技术要点：摆臂与拨腕指的衔接。③单手肩上传球。单手肩上传球是最基本的传球方法，而且是经常运用的一种远距离传球方法。动作方法：由持球基本姿势开始，右手腕向右肩处翻转，到达合适传球位置后，以肘关节为轴，借助下肢蹬转或腰腹转动的力量，顺势带动前臂的挥动。手腕、手指前屈，球通过指端旋转传出。技术要点：展体挥臂和蹬腿与身体重心前移的协调连贯。④单手体侧传球。这是一种近距离隐蔽传球的方法，外围队员传球给内线同伴时常用这种方法。动作方法：持球经身体侧后方弧线向外伸展手臂，以肩为轴向前摆臂，当手臂侧伸较充分时，及时扣、拨腕指将球传出。技术要点：体侧弧线引球，摆臂制动与拨腕指的衔接。⑤反弹传球。这是最常用的一种近距离隐蔽传球方式，是小个队员对付高大防守者或中锋传给往球篮方向切入的同伴的有效手段。动作方法：双手掌心向下，置球于胸腹之间。用手指、手腕弹拨球传出。反弹点落于离接球队员三分之一处。反弹高度于腰膝之间。技术要点：球速快，掌握好击地点。⑥单手体前侧传球。这是最常用的一种非常隐蔽传球方式，适用于各个位置。动作方法：以“三威胁”姿势开始，余光观察自己同伴的位置，把握时机。传球时，摆动小臂，当球基本过了前胸时及时压腕、拨指将球传出。技术要点：摆动小臂与压腕、拨指的连贯。⑦单手背后传球。当持球者贴近防守者时运用之，一般情况在快攻结束和突破分球时运用。动作方法：向背后引球时肘稍上抬，上臂带动前臂摆动，当半球位于体后时及时拨腕指将球传出。技术要点：摆臂与拨腕的时机。

（4）接球

接球就是获得传球的动作。良好的接球技巧能够弥补传球的不足。无论何种接球，都是由伸臂迎球和缓冲握球等动作组成。接球时，要伸臂迎球，当指端触球的瞬间，手臂要顺势后引，曲肘缓冲来球的惯性后持球。有对手防守时，要先卡位再要球。接球后要随时做“三威胁”攻击姿势，并尽快衔接下一个动作。

①接球的手法

A. 双手接球。两臂先伸出迎球，双手十指自然分开成半球状，手指指端触球瞬间，双臂随球缓冲来球的力量后，自然持球于胸腹之间，保持好“三威胁”的姿势。

B. 单手接球。五指自然分开成弧形并伸出手臂迎球，手指指端触球的瞬间顺势缓冲控球。同时，借助另一手的辅助成双手持球的“三威胁”姿势。

②接球方法

A. 原地接球。包括迎、引、成基本姿势。迎：是向来球方向伸臂或上步迎接球。引：即在缓冲过程中将球带到所需部位。成基本姿势：是指下一个进攻动作的开始姿势。由接球点到腹前走一条向后向下的弧线。

B. 移动接球。跨停步接球：靠近来球方向的内侧脚跨步缓冲接球，后腿膝部内扣，斜撑制动。跳停步接球：收身稍跳起接球，双脚同时落地。

2. 练习方法

（1）原地对墙做各种传球、接球。

（2）两人一组做各种传球、接球。

（3）迎面传球、接球。

（4）行进间两人传球、接球：把人数分成相等的两组站在端线后，两人一组传球、接球上篮交给对面的另一组做同样的练习，然后排到队尾，交替进行。

（5）行进间三人传球、接球：练习方法同上，要求三人传球时，中间队员稍后与左右两名同伴成三角形队形，每次传球必须通过中间队员。

（6）三人“8”字围绕传接球：传球人始终从接球者身后绕切至前面接球。

（四）投篮

投篮得分是篮球运动所有技术、战术、技能的最终目的，是篮球比赛中唯一的得分手段。篮球所有的技术、战术配合都是为了创造最佳投篮时机，提高命中率，因此投篮是篮球比赛的关键，是攻防对抗的焦点。

1. 基本技术

（1）投篮的身体姿势和持球方法

①投篮的身体姿势：两脚开立，与肩同宽或略宽。重心在两脚之间，保持好重心平衡。两个膝关节要保持弯曲，上身要含胸直背，身体不能前后、左右摇动，目视投篮目标。肘关节的姿势是当投篮手举起时，手应放松地贴住自己的身体。手和球举起后，肘关节适度外展，躯干与上臂，上臂与前臂，前臂与手腕都要形成 90°。②持球方法：对于单手投篮，用投篮手的食指尖端接触球的平面中心部位。投篮手的拇指应该展开，与食指呈 60° 夹角，手指应有“握球”的感觉，手心自然空出。扶球手扶球的一侧，手指全面展开到最大程度。

（2）投篮技术与方法

①原地投篮：它是比赛中应用比较广泛的投篮方法，是行进间单手高手投篮、跳起单手肩上投篮等技术动作的基础。

A. 单手肩上投篮。动作方法：以投篮姿势，用力蹬地，伸展腰腹，抬肘，手臂上伸、手腕、手指前屈，指端拨球，用中指、食指将球投出，手臂向前自然伸直。技术要点：全身动作协调，用力一致。

B. 双手胸前投篮。动作方法：双手持球于胸前，肘关节自然下垂（不要外展），上身稍前倾，两膝微屈，身体重心放在两脚之间，目视投篮目标。投篮时，两脚蹬地，腰腹伸展，两臂上伸，两手腕同时外翻，指端拨球，用拇指、食指、中指投出，手自然伸直。技术要点：掌握好屈膝蹬地、腰腹伸展。

手臂上伸与手腕、手指用力动作的连贯和协调。

C. 勾手投篮。动作方法：以右手为例，降低重心，上身向左倾斜，左脚用力蹬。技术要点：掌握身体重心，手腕和手指力量的控制。

②行进间投篮。行进间投篮是一种被广泛应用的投篮方法。一般在快攻中或切入篮下时运用，也可以在中、近距离投篮时运用。

A. 行进间篮下单手肩上投篮。这是快攻和突破到篮下时常运用的一种投篮方法。比赛中命中率较高。动作方法：以右手为例，在跑动中右脚向前跨出一大步，双手迎前接球，左脚接着上一步，脚跟先着地迅速过渡到前脚掌起跳，同时双手举球，右脚屈膝向上抬配合左脚起跳。当身体到达最高点时，扣腕和手指拨球，柔和地将球投出。技术要点：接球、起跳、引球、扣腕、拨指配合协调。

B. 行进间单手低手投篮。这是快速中超越对手后所采用的一种投篮方法。它具有速度快、伸展的距离远和便于保护球的优点。动作方法：以右手为例。在跑动中右脚向前跨出一大步，双手迎前接球，左脚接着上一步，脚跟先着地迅速过渡到前脚掌起跳，同时双手举球，右脚屈膝向上抬配合左脚起跳。当身体到达最高点时，左手离球，右手托住球的下部，手臂继续向球篮上方伸展，并以手腕为轴，手指向上挑球从食指尖投出。技术要点：助跑、接球、起跳举球、挑球动作连贯协调。

③跳起投篮。跳起投篮具有突破性强、出手点高、不易防守、便于与传球、突破和其他假动作相结合的优点，经常与移动、传接球、运球突破等技术动作结合运用。

A. 原地跳投。动作方法：以投篮姿势，在两脚用力蹬地向上起跳的同时，上身向上伸展，双手举球，当身体接近最高时，右臂抬肘向上伸直，最后用手腕、手指的力量将球投出。落地时，双腿屈膝缓冲，准备下一个动作。技术要点：利用身体在空中最高点刹那间的稳定迅速出手。全身用力协调一致。

B. 接球急停跳投。动作方法：在快速移动中接球，用跨步或跳步急停。

突然向上起跳，迅速举球，当身体接近最高点时前臂向前上方伸直，手腕前屈，手指拨球，通过指端将球投出。技术要点：急停时，步子要稳，连接起跳技术，身体腾空和投篮出手协调一致。

C. 运球急停跳投。动作方法：在快速运球中，用跨步或跳步急停，突然向上起跳，迅速举球。当身体接近最高点时前臂向前上方伸直，手腕前屈，手指拨球，从指端将球投出。技术要点：急停时，步子要稳，连接起跳技术，身体腾空和投篮出手协调一致。

2. 练习方法

（1）持球模仿投篮练习：成广播体操队形，体会原地或跳起投篮的手法和用力过程。

（2）接球急停跳投练习：两人一组一球，相距 5 米左右。一人跳起做投篮练习，另一人接球急停后跳起模仿投篮练习。体会动作的衔接过程。

（3）五点定位投篮。三人一个球篮，用一个或两个球，篮下有人捡球，按五点顺序投篮或跳投，每个点投中三个球才能换下一个点，设计中或未中次数。离篮 3 ～ 4 米逐渐放远到 5 ～ 6 米，并逐渐加快速度，依次练习。

（4）罚球投篮练习：持球站在罚球线后，原地或跳起投篮。进一步体会投篮手法，协调用力和投篮出手角度。

（5）在三分线区域内做一分钟投篮练习：一人一球自投自抢，先 3 米远左右投篮，再把距离拉远投篮练习。

（6）行进间运球投篮练习：把队员分成两组，从中场开始做运球上篮。

（7）行进间全场传接球投篮：三人直线传接球投篮，三人围绕跑动中传接球投篮练习。

（五）持球突破

随着篮球技术的发展，各个位置的队员都能熟练地运用持球突破技术。持球突破技术发展主要表现为突然性强、速度快，与其他技术的结合非常紧密。持球突破后的各种运球和投篮更加具有攻击性。与假动作结合，使突破防不胜防。

1. 基本技术

（1）交叉步持球突破

动作方法：以右脚做中枢脚为例。突破时左脚先向左跨出一小步（假动作），而后，左脚前脚掌内侧用力蹬地，同时上身向左侧转，左肩下压，使身体向右前方跨出，将球引向右侧并运球，中枢脚蹬地上步继续运球超越对手。技术要点：蹬跨积极，转体探肩保护球。

（2）同侧步持球突破

动作方法：准备姿势和突破前的动作要求与交叉步相同。突破时，右脚向右前方跨出一步，向右转体探肩，重心前移，右手运球，左脚前脚掌迅速蹬地，向右前方跨出，突破防守。技术要点：蹬跨积极，转体探肩保护球，第二次加速蹬地积极。

（3）前转身突破

动作方法：以左脚做中枢脚为例。突破前的准备动作背向球篮站立，两脚平行开立，屈膝，重心降低，两手持球于胸前。突破时重心移至左脚上，以左脚为轴前转身，右脚向球篮方向跨出，向左压肩，右手运球后左脚蹬地突破对手。技术要点：移重心，蹬地运球动作连贯。

（4）后转身突破

动作方法：准备动作与前转身相同，突破时以左脚为轴转身，右脚向右侧后方跨步，压肩，脚尖指向侧后方，右手向右脚前方放球，左脚前脚掌内侧迅速蹬地向球篮方向跨出，运球突破防守。技术要点：重心平稳。右脚向右侧后方跨出，左脚掌内侧蹬地发力。

2. 练习方法

（1）原地模仿练习。

（2）运用假动作，做不同的突破技术练习，提高运用动作的变化能力和动作的变换速度。

（3）半场或全场一对一对抗比赛。两人一组一球，先由一方持球开始进攻，进攻时可以运用交叉步或突破上篮。如突破成功或投篮命中，进攻者继续进攻，反之则交换。

（六）个人防守

个人防守技术更具有攻击性。防守者降低重心，增大防守面积，充分利用自己的身体体重与灵活多变的脚步。对有球队员采用平步或斜步的紧逼攻击性防守，对无球队员采用错位防守。做到以球为主，球、人、区三位一体的防守。

1. 防守的基本动作

（1）基本姿势

两脚左右分开，一脚稍前，屈膝下蹲，重心在两脚之间。上身挺胸塌腰。一脚稍前比两脚平行站立前后更稳定，在突然后撤或向前时易于发力而不需调整。

（2）脚步移动

滑步：移动时先向移动方向蹬跨，跨步脚紧贴地面，再蹬地脚紧贴地面并步。后撤步：第一步蹬跨后撤要跨步完成，紧接滑步动作。

交叉步：是后撤步接追踪步的第一步（交叉）再接滑步的组合。

追踪步：是保持给对手一定压力的、重心稍低的侧身跑动作。

2. 防有球队员的基本动作

迅速调整防守脚步贴近对方，用手干扰对方，破坏对方进攻动作。同进攻者保持一臂距离，重心降低，始终要把进攻者置于自己的两腿之间。若运球停止后，要迅速贴近，积极挥动手臂进行封堵。

（1）平步防守

两脚平行站立，重心置于两脚之间。重心降低膝角约 100° ，两手臂侧伸，五指张开，两脚处于起动状态。膝关节内扣。

（2）斜步防守

两脚前后斜步站立，一臂上举，一臂侧伸。重心置于两脚之间，屈膝收腹。

重心低于对方，两脚处于起动状态。

3. 防无球队员的基本动作

人、球、区兼顾，做到近球上，远球放，控制对手接球。防守强侧的无球队员时，采取面向对手侧向球的站位法。用眼睛的余光注意球。防守弱侧无球队员时，采取侧向对手面向球的站位法。防止对手接球。

（1）在球、对手、球篮三点的夹角中间防守

动作方法：两腿稍屈，两臂自然，保持放松机动姿势，侧对防守对象和球。根据对手离球和球篮的远近不断调整与防守对象的距离。

（2）绕前防守

这是一种在防守的人、球、球篮成直线或从篮下溜过时要采用的防守方法。它可分为挤绕和后转身绕。

挤绕的动作方法：后臂从上前伸下压同时后脚前跨。

后转身绕的动作方法：前臂屈肘以前脚为轴后转身。绕前防守紧贴的对手，一手后伸掌握防守对手的移动。技术要点：快速移动中身体姿势和重心的稳定；人和球兼顾。

（3）贴身防守

这是一种在对手接近球篮时要采用的防守方法。其动作方法：两脚斜步防守，一手屈肘顶住对方腰部，一手前伸干扰传接球。

（七）抢篮板球

篮球比赛中，抢篮板球是获得控制球权的重要手段之一。

1. 基本技术

（1）抢进攻篮板球

根据自己场上所处的位置，及时判断出球反弹方向，快速起动，摆脱防守，抢占有利的位置。采用单脚或双脚起跳，腾空后身体和手臂充分伸展，及时调整重心，进行投篮或将球传出。

（2）抢防守篮板球

攻方投篮时，防守队员应根据自己与进攻队员之间的不同距离，采用不同的挡人方法。然后根据球反弹的方向，及时转身，抢占有利位置，跳起用单手或双手迅速将球抢下来。落地后持球远离对手，便于及时传球或运球。

2. 练习方法

（1）原地起跳抢球练习，向上自己抛球，然后用双脚起跳，在最高点处将球抢下来。落地屈膝缓冲。体会起跳、空中抢球和落地动作。

（2）两人一组一球，一人站在罚球线处，传球给篮下的队员。篮下队员接球后把球向篮板上抛出碰板。罚球线处的队员上步用双脚或单脚起跳抢从篮板上反弹起来的球，抢下后把球投进篮圈；数次后交换。

（3）抢罚球篮板，双方按照比赛中罚球方法进行站位。确定甲方其中一人执行罚球，甲方的另外四人和乙方分别站在分位线后。当投球碰板或碰圈弹起瞬间，双方即冲抢篮板球。如投篮命中，则换由甲方的另一名队员罚球；如投篮不中，由抢得篮板球的队罚球。

二、篮球基本战术

（一）战术基本配合

1. 进攻战术基础配合

（1）传切配合

这是指利用传球和切入技术组成的简单配合。

（2）突分配合

这是指进攻队员持球突破防守队员向篮下切入，遇到防守方另一队员补防时，将球传给因对方补防而漏防的同伴，或传给转移到指定的配合位置上的接应同伴的简单配合方法。

（3）掩护配合

这是指进攻队员以自己的身体采取合理的动作挡住同伴防守者的移动路

线,使同伴借以摆脱防守的一种方法。根据被掩护者的不同方位而分为侧掩护、前掩护和后掩护。

（4）策应配合

一般是指处于内线的队员背对或侧对球篮接球，由他作枢纽与外线队员的密切相配合而形成的一种里应外合的方法。

2. 防守战术基础配合

（1）挤过配合

在对方进行掩护配合时，防守者为了破坏对方的掩护，在掩护者临近的一刹那，主动靠近自己的对手，并从两个进攻队员之间侧身挤过去，继续防住自己的对手。

（2）穿过配合

对方进行掩护配合时，防守掩护的队员主动后撤一步，让同伴从自己和掩护队员之间穿过去，以便继续防守自己的对手。

（3）交换防守配合

这是为了破坏进攻队员掩护配合，防守队员及时交换所防对手的一种配合方法。

（4）“关门”配合

“关门”配合是临近的两个防守队员协同防守突破的配合方法。

（二）全队战术配合

1. 全队进攻战术配合

（1）进攻半场人盯人

常采用内线、外线结合，积极穿插、换位，连续掩护等基本手段，制造中投或篮下投篮等各种机会。常采用的队形有：“2—1—2”（单中锋进攻法）、“1—2—2”（双中锋进攻法）、“8”字掩护进攻法、移动进攻法等。

（2）进攻区域联防

进攻区域联防的方法有很多，可根据本队的具体情况和对方联防的形式确定阵式和配合方法。其目的在于攻击对方区域联防的薄弱环节。如“1—3—1”进攻队形布局是针对“2—1—2”和“2—3”区域联防而组成的，“2—1—2”进攻队形布局是针对“1—3—1”区域联防组成的等。

2. 全队防守战术配合

（1）半场人盯人防守战术配合

这种战术配合是进攻队进入防守队的后场后，防守队立即迎上积极盯住各自的对手，同时，进行集体协同防守。基本战术要求是：“以人为主，人球兼顾”和“有球紧，无球松”；针对对手的具体情况（如个人特点和离球、离篮的远近），抢占有利位置，积极移动，进行抢、堵，控制对手的行动，破坏对方进攻配合。半场人盯人防守分松动和扩大两种形式。一般来说，对外围中投不太准而篮下攻击力量较强的对手，采用“松动”形式，反之采用“扩大”形式。

（2）全场人盯人防守战术配合

全场人盯人防守是一种积极主动、富有攻击性的防御战术。在进攻转入防守后，立即在全场积极地阻挠对手移动、接球和投篮。这种战术不但能破坏对方有组织、有计划的战术配合，提高比赛速度，而且能促使对方失误。目前，常用的全场紧逼人盯人防守队形有“1—2—1—1”“2—1—2”“2—2—1”等。

第二节　排　球

一、排球基本技术和练习方法

排球技术有两种：一种是有球技术，包括传球、垫球、扣球、发球和拦网；另一种是无球技术，包括准备姿势、移动、起跳及各种掩护动作等。

（一）准备姿势和移动

准备姿势和移动是排球运动中各项技术的基础技术。任何一项排球技术在比赛中运用的效果，在很大程度上取决于准备姿势和移动技术。

1. 准备姿势

两脚支撑的位置：两脚左右开立，略比肩宽。站左半场的队员，左脚在前（约一只脚的距离），右脚在后；站右半场的队员，右脚在前，左脚在后；站在场中央的队员，两脚平行开立比肩稍宽。

身体基本姿势：双目注视来球，两膝弯曲并内扣，膝部的垂直面超出脚尖，脚跟提起，身体重心的着力点在前脚掌拇趾根部，上身前倾，两肩的垂直面超出膝部。手的位置：两臂自然弯曲，并置于胸腹之间，两手心相对，手指自然张开。

2. 移动

移动是接好球的重要条件。无论任何方向的来球，身体必须面对来球方向。因此，要尽快地移动取得好位置，做好接球前的准备姿势。通常采用的几种移动步法是：滑步、交叉步、跨步、跨跳步、跑步、后退步等。

3. 练习方法

（1）学生集体做准备姿势，强调两脚的位置；

（2）原地跑或慢跑中，看教师发出的信号，迅速做准备姿势；

（3）学生在准备姿势的基础上，看教师手势做向前、后、左移动；

（4）两人一组，一人抛球一人按步法要求移动接球；

（5）各种形式的移动接力。

（二）发球

发球是比赛的开始，同时也是进攻的开始。现代的发球技术已越来越具有强大的攻击能力。攻击力强的发球不但可以直接得分，更主要是可以破坏对方的接发球，削弱其进攻威力，减轻我方的防守压力，取得比赛的主动权。

1. 基本技术

所有发球技术的动作结构是相同的，但根据不同的发球技术又有不同的技术特点。发球技术的动作结构可以分为准备姿势、抛球、击球手形、挥臂击球四个技术环节。发球的种类很多，不管采用哪一种发球，要想把球发好，必须注意以下几点：第一，抛球稳：抛球是基础，要求掌心向上平稳地把球抛起。每次抛球的高度和身体的距离应基本固定。第二，挥臂快：手臂的挥动速度与球飞行速度成正比，手臂挥动快，则球的速度快。第三，击球准：用力方向必须和所要发出球的方向相一致。第四，正确的手法：击球手法不同，发出球的性能也不同。不同的发球种类应使用不同的击球方法。

（1）正面下手发球

这种发球简单易学，失误率较小。但速度慢，力量小，攻击性差，适用于初学者。发球前，面对球网，两脚前后站立，左脚在前，右脚在后，两膝微屈，上身前倾，左手持球置于腹前，右臂自然下垂。发球时，左手将球在体前右侧抛起，离手 20～30 厘米。在抛球的同时，右臂向后摆动。击球时，右脚蹬地，身体重心前移，右臂伸直，以肩为轴，向前摆动到腹前，用虎口或掌根击球的后下部。随着击球动作重心前移，迅速入场。

（2）侧面下手发球

①准备姿势：左肩对网站立，两脚左右开立，与肩同宽，两膝微屈，上身稍前倾，重心落在两脚间或稍偏右脚，左手持球置于腹前。

②抛球：左手将球抛至胸前，约离身体一臂之远。

③击球：在抛球的同时，右臂摆至右侧后下方，手指微屈而紧张，利用右脚蹬地和向左转体的力量，带动右臂向前摆动，在腹前用全掌击球的后中下部，将球击出。击球时，手臂要伸直，眼睛要看球。

（3）正面上手飘球

发球前在发球区选好位置，面对球网站立，左脚在前，右脚在后，重心落在后脚上。左手持球置于胸前，观察对方的站位布局，选定最佳落点。

发球时左手将球平稳地向右肩的前上方抛起，高度适中。在抛球的同时，右臂抬起，并屈肘后引，五指并拢，指尖朝上，手腕保持一定的紧张度。

击球时利用蹬地转体的动作带动手臂有力地向前上方挥动，重心随之移至左脚，以手掌根击球的后中下部，击球的力量要集中、迅猛，击球的作用力通过球的重心使球不旋转地向前飞行，击球结束时手臂要有突停动作。击球后，右脚随着击球动作自然前移，迅速进场。

（4）勾手大力发球

这种发球的特点是力量大，弧度平。由于球向前旋转，从而加快了球的下落速度，容易造成对方措手不及，有较强的攻击性，但这种发球需要很好的体力，技术要求高，掌握不好容易造成发球失误。

发球前左肩对网站立，两脚开立与肩同宽，两膝微屈，重心落在脚与脚之间。双手持球于腹前。发球时，双手将球平稳地抛至头的左前上方，高约1米。在抛球的同时，右腿稍屈，重心移至右脚上，上身向右倾斜并转动，同时右臂向右后倾摆动，抬头看球。随着右腿用力蹬地，利用挺胸及转体的动作带动手臂向上挥击。

击球时迅速收胸、收腹、转体，身体的重心移至左脚上。击球的手臂要伸直，并要协调、自然地向上作弧形摆动，击球的手掌应放松，用全掌击中球的后下部，并利用手腕的推压动作使球向前旋转。球发出后，顺势迅速进场。

2. 练习方法

（1）徒手练习。按照动作方法要领，让队员做徒手模仿练习，或做击固定球练习。

（2）抛球练习。右手持球练习向上抛起（掌心向上，平稳抛起，球不旋转）。根据发球的性能，抛球的高度和落点要合适。

（3）两人一组短距离不上网对发。

（4）抛击配合练习。近距离对墙发球，体会发球时抛球与击球的配合。

（5）上网发球。两人一组隔网对发，距离由近到远，直至发球区内。体会击球用力和动作连续性。

（6）分两组端线后发球比赛，看哪一组积分多。

（三）垫球

垫球是排球的基本技术之一，是接对方进攻性击球的主要技术动作，是组织进攻和反攻战术的基础。因此，提高垫球技术的熟练程度和运用能力，是争取胜利的重要条件。

1. 基本技术

（1）正面双手垫球

适合接速度快、弧度平、力量大、落点低的各种来球，在接发球和后排防守时广泛采用，是各项垫球技术的基础。

①准备姿势：做好准备姿势，迅速判断，及时移动，正面对准来球方向。②击球手形：两手掌根紧靠，两手手指重叠合掌互握，两拇指平行。两臂自然伸直，手腕下压，小臂外展靠拢，手腕关节以上的前臂形成一个垫击的平面。③击球动作：击球时，蹬腿提腰，含胸提肩，压腕抬臂等动作密切配合，手臂迅速插入球下，将球准确地垫在手腕以上10厘米的小臂上。击球时，两臂保持平衡固定，身体和两臂自然地随球伴送，以便控制球的落点和方向。④手臂角度：手臂角度对控制球的方向、弧度和落点有很大影响，应根据垫球距离和入射角等于反射角的原理加以调整。

正面双手垫球应掌握插、夹、提三个动作要领。插：两臂伸直，插到球下。夹：两臂夹紧，含胸收肩，用两前臂的平面击球。提：提肩送臂，身体重心随出球方向前移。垫击过程中要做好移、蹬、跟三个环节。移：快速移动，对准来球。蹬：支撑平稳，两腿蹬起。跟：随用力方向，腰紧跟。

（2）体侧垫球

来球飞向体侧而来不及移动对正来球时，要采用侧垫。侧垫时切忌随球伸臂，这样会造成球蹭手而向侧方飞出，应先用两臂到侧方截击来球。还应注意两臂不要弯曲，以保持击球平面，否则会因手臂不直或两臂间距离太大而垫不好球。

（3）背垫

背垫就是背向出球方向击球。背垫时，要清楚出球的方向、距离。用力时，要抬头后仰，两臂伸直向后扬臂。

2. 练习方法

（1）徒手模仿。先做原地垫击模仿动作，然后做徒手移动后垫击模仿动作。

（2）垫固定球。一人双手持球于胸前，另一人原地或移动后用垫球动作击球，体会手臂击球部位和全身协调用力。

（3）两人一组，一抛一垫。两人距离由近到远，先是一人抛，一人原地垫，然后是一人抛，一人移动垫。

（4）对墙连续自垫。对墙垫时，要求手臂角度固定，用力适当，控制球的高度，用蹬腿动作发力，注意身体协调用力。

（5）转换方向垫。三人一组成三角形，一人抛球，一人变方向垫球，另一人接球或传球给抛球者，循环往复。

（6）二人相距 7 ～ 8 米，一发一垫。

（7）二人相距 5 ～ 6 米，第一次把球垂直垫起，第二次把球垫给对方，连续进行。

（8）三人一组相隔 10 米以上，一发一垫一调，做若干次轮转。

（四）传球

传球是用手指和手腕的弹力进行上手击球的技术动作，是排球的最基本最原始的击球方法。在比赛中主要用于衔接防守和进攻。可广泛用于接发球、二传等。

1. 基本技术

传球的方式很多，有正面传球，背传，侧传，跳传。其技术环节可分为：

准备姿势、迎球、击球点、手形、击球时的用力几个部分。

（1）双手正面传球

准备姿势：正面对准来球，两脚开立，比肩宽，一脚在前，两脚尖适当内收，脚跟稍提起，两膝稍屈。两肩放松，眼睛注视来球，两手自然弯置于胸腹前。手形：两手手指自然张开，掌心相对，手指微屈成半球状，手腕稍后仰，以拇指、食指、中指托住球的后下部，无名指和小指在两侧辅助控制传球的方向。拇指相对成一字形或八字形置于额前。

击球时的用力：传球时，利用蹬地、伸膝、展体和伸臂的动作，以拇指、食指、中指发力，无名指和小指控制住球的方向。触球的瞬间，手指和手腕应保持一定的紧张程度，用手指和手腕的弹力以及身体和手臂的协调力量将球传出，用力一定要协调一致。传球距离较近时，手指、手腕的弹力较多；传球距离较远时，必须加强蹬地展体的力量。

（2）背传

背传是传球的基本方法之一。在比赛过程中，使用背传技术能达到出其不意、迷惑对方的目的，使战术多样化。

准备姿势：上身比正面传球时稍直立，身体重心稳定在两脚之间，双手自然抬起，放松置于脸前。

迎球：双手上举，挺胸，掌心稍向上，手腕稍后仰。

击球点：保持在额上方。

手形：与正面传球相同，拇指托球的后下部。

击球时的用力：利用蹬地、上身后仰、挺胸、展腹、抬臂及手腕和手指的弹力将球向身体后上方送出。

（3）侧传

身体不转动，主要靠双臂向侧方伸展的传球动作叫侧传。侧传有一定的隐蔽性。侧传的准备姿势、迎球动作与正面传球相同，击球点保持在脸前或稍偏于出球方向一侧。传球手势与正面传球相同，但倾向出球一侧的手臂要低一些，另一侧则要高一些。用力时，蹬地后上身要向出球方向倾斜，双臂向传出一侧用力伸展，异侧手臂动作幅度较大，伸展较快。

（4）跳传

跳起在空中做传球动作叫跳传。跳传有原地跳、助跑跳、双足跳、单足跳等动作。起跳最好是向上垂直起跳，不宜向前或向侧冲跳。起跳的关键是掌握好起跳时机，起跳过早或过晚都会影响传球的质量。

起跳后双臂上摆至脸前，身体在空中保持平衡。当身体上升到最高点时，靠伸臂动作和手腕、手指的弹力将球传出。

2. 练习方法

（1）徒手模仿传球动作。做好准备姿势，蹬地、伸臂，模仿传球推击动作，领悟动作过程。

（2）体会击球点与手姿。每人一球按照传球的击球点与手形，摆在额前，然后另一人将球拿掉，看手姿是否正确，击球点位置是否合适。

（3）传球的协调用力。两人一组，持球人拿球在合适的击球点做好传球的手形，另一人用单手压着球，持球者用传球动作向上推送球，体会全身协调用力。

（4）贴墙传球。每人一球，贴墙站立，用传球手姿拿好球，肘关节贴墙，用传球动作向墙传球，体会传球手形、击球点和手指、手腕的传球用力。

（5）对墙传球。距离由近至远，体会传球用力。

（6）向上自传。个人进行，先原地传，后移动传；先传低球，后一高一低传。

（7）两人一组，一人抛球，另一人传球。先抛准球，让传球人原地传；后两侧抛球，让传球人移动传。

（8）两人对传。可以一固定，一移动，或自传一次，再传给对方等。

（9）跑动传球。三人或三人以上成纵队跑动传球。

二、排球基本战术

战术是指比赛双方运用进攻与防守的对抗，并结合临场变化，合理地运用技术，有组织、有针对性地配合行动。一个球队的战术水平往往反映着该队的技术水平，因为只有全面、准确、熟练地掌握了基本技术，才可能形成战术。排球基本战术分为个人战术和集体战术两种。

（一）阵容配备

阵容配备是合理地搭配本队队员的一种组织手段。阵容配备有三种形式。“三三”配备：由三名进攻队员和三名二传队员组成，此种形式的战术形式简单，攻击力弱，适合初学者。

“四二”配备：由两名主攻队员，两名副攻队员和两名二传队员组成。队员分别对角站立。这种阵容配备便于采用“中一二”和“边一二”进攻战术。前排始终保持两名进攻队员和一名二传队员，这样能够组织多种战术配合，充分发挥本队的进攻力量。

“五一”配备：由一名二传队员和五名进攻队员组成。这种配备形式攻击力强，能组织多种战术体系。二传队员在前排时，能组织“中一二”“边一二”进攻战术。二传队员在后排时，可采用插上战术，保持前排三点进攻。具有一定水平的队多采用此种阵容配备。

（二）交换位置

为了解决某些轮次进攻和防守力量的搭配及阵容配备上的某些缺陷，以便有效地组织攻防战术，规则允许在发球击球后，双方队员可以在本场区内任意交换位置。交换位置的主要是为了充分发挥每个队员的专长，以取得扬长避短的效果。前排队员之间的换位，主要是为了便于进攻战术的实施和拦网实力的调整。前后排队员之间的换位，主要是为了保持前排三点进攻。后排队员之间换位，是为了加强后排重点部位的防守。

（三）信号联系

排球运动是一个集体项目，在实现快速多变的进攻战术时，必须通过信号联系才能统一行动。一个队的战术信息力求简单、清晰、本队队员明了。

语言联系：使用语言直接进行联系。

手势信号：通过事先约定的各种手势，进行规定的战术配合。

落点信号：根据起球后的落点，作为发动某种进攻的信号。

综合信号：以手势信号为主，辅以落点信号、语言信号以及教练员的暗示等。

（四）“自由人”运用

合理地选择并运用“自由人”是战术运用的一个方面。“自由人”专司接发球和后排防守，其上下场之间只需经过一次发球比赛过程，换人不计为正规换人次数，且次数不限。因此，选择接发球和后排防守技术高超的队员作为“自由人”，能大大提高全队的防守水平。“自由人”又可在当前排进攻、拦网队员体力下降需要休息，并轮到后排时替换上去，所以，合理地运用“自由人”能大大提高全队的进攻水平。

第三节　形体训练

形体训练是以身体练习为基本手段，匀称和谐地发展人体，塑造体型，培养正确优美的姿态和动作，增强体质，促进人体形态更加优美的一种运动方式。形体艺术训练则是以人体科学为基础的形体动作训练，是以提高练习者形体的灵活性和艺术表现力为目的的形体技巧训练。它既注重外在美的训练，又注重内在美的陶冶。练习者在旋律优美的乐曲伴奏下，经常性地进行形体艺术训练，可使身心得到全面发展，有利于培养健美的体态和高雅的气质，使其形体富有艺术魅力。

形体训练内容丰富，形式多样，从运动方式来看，其训练内容分为：徒手练习、持轻器械练习、专门器械上练习三大部分。其中，徒手练习又分为：基本姿态练习、基本动作练习、把杆练习。

一、人体运动的方位与方向

（一）基本方向

人体运动的基本方向是根据人体直立时的基本方向确定的。

向前：指朝着胸部所对的方向运动。

向后：指朝着背部所对的方向运动。

向侧：指朝着肩侧所对的方向运动。

向上：指朝着动作开始时头部所对的方向运动。

向下：指朝着脚底所对的方向运动。

（二）中间方向

中间方向是指两个基本方向之间 45° 的方向，主要说明上、下肢动作的方向。

（1）前、后与上、下基本方向之间 45° 的方向构成的中间方向。

前上：手臂前举与上举之间 45° 的方向。

前下：手臂前举与下垂之间 45° 的方向。

后上：手臂后举与上举之间 45° 的方向。

后下：手臂后举与下垂之间 45° 的方向。

（2）侧与上、下基本方向之间 45° 的方向构成的中间方向。

侧上：手臂侧举与上举之间 45° 的方向。

侧下：手臂侧举与下垂之间 45° 的方向。

（3）侧与前、后基本方向之间 45° 的方向构成的中间方向 .

侧前：手臂侧举与前举之间 45° 的方向。

侧后：手臂后举与下垂之间 45° 的方向。

（三）斜方向

斜方向是指两个中间方向之间的 45° 方向。

前斜上：前上与侧上之间 45° 的方向。

前斜下：前下与侧下之间 45° 的方向。

后斜上：后上与侧上之间 45° 的方向。

后斜下：后下与侧下之间 45° 的方向。

（四）四肢相对的方向

向内：指四肢由两侧向中线的运动。

向外：指四肢由中线向两侧的运动。

同向：指不同肢体向同一方向运动。

反向：指两个肢体向相反方向运动。

（五）场地的基本方位

为了准确说明练习者在场地上的运动方向，通常把开始确定的某一边（主席台）定位为基本方位的“1 点”。按照顺时针方向，每 45° 为一个基本方位，将场地划分为 8 个基本方位。1 点：正前方；2 点：右前方；3 点：右侧方；4 点：右后方；5 点：正后方；6 点：左后方；7 点：左侧方；8 点：左前方。

二、形体训练的基本动作

形体美的基本动作是进行形体练习的基础，它在形体锻炼中起着非常重要的作用。形体基本姿态的训练，是以人体科学为基础的形体姿态训练，是对练习者身体形态进行的基础、系统的专门训练。练习者通过对身体各个部位形态的基本训练，可适度改变身体形态的原始状态，提高形体动作的灵活性和优美性，增强站姿、坐姿、走姿及姿态动作的规范和美感。

（一）脚和腿的基本动作

1. 自然站立

站立是最基本、最重要的基本姿态，也是形态训练中最基础的内容。正确的站姿训练，可以改变练习者身体形态的原始状态，使其站立的姿态优美、端庄。动作做法：两脚跟并拢，脚尖分开大约 15 ～ 20 厘米的距离，身体重心落在两脚之间；臀部肌肉收紧，收腹立腰，挺胸，颈部伸直，抬头并略收下颌，两臂自然下垂，手略呈圆形，表情自然。

2. 开立

在进行上肢练习的过程中，大多数时间需要练习者保持两腿开立的姿势，以便稳定身体的重心。开立是在自然站立的基础上，调整两脚之间的距离。

动作做法：两脚向侧分开站立，两脚开度大约与肩同宽；脊背挺直，挺胸立腰，收腹提臀；注意身体的重心向上，而保持双肩的下沉。

3. 脚点地立

进行脚点地立的各种练习，是练习者在身体重心置于单脚时，有效提高身体稳定性和控制力的一种锻炼方式，重点强调身体的有效控制和上肢基本姿态的保持。

动作方法：一脚站立，另一脚向前、向侧、向后伸出，脚尖点地。注意前、后点地时需脚尖绷直、脚面朝外；侧点地时脚尖绷直、脚面朝上。

4. 芭蕾舞脚位

动作做法：

一位脚：两脚跟并拢，脚尖向外侧打开，两脚成一横线。

二位脚：两脚跟相对，左右分开相距一脚，脚尖向两侧打开成一横线。

三位脚：脚尖向外侧打开，前脚外侧与后脚内侧重叠一半站立。

四位脚：两脚尖向外侧打开，前后平行，两脚间距离约一脚。

五位脚：两脚尖向外侧打开，前后平行重叠相靠。

（二）手臂的基本动作

1. 两臂同方向的举

前举：两臂前举至水平，同肩宽，掌心向下、向上或相对。

侧举：两臂向两侧抬起至水平，掌心向上、向下或向前。

上举：两臂上举至垂直部位，掌心向前或相对。

前上举：两臂向前抬起至前上 45° 方向，掌心向上或向下。

前下举：两臂向前抬起至前下 45° 方向，掌心向上或向下。

侧上举：两臂向各自的侧方抬起至侧上 45° 方向，掌心向上或向下。

2. 两臂不同方向的举

一臂前举，另一臂前上举。

一臂前上举，另一臂后下举。

一臂侧上举，另一臂侧下举。

一臂后上举，另一臂前下举。

动作要求：所有手臂举的动作方向要正，部位要准确，手臂必须伸直，肩部放松，身体姿势同站立动作的基本要求。

3. 芭蕾手臂的基本位置

一位：两臂于体前成弧形，掌心向内，指尖相对，手臂稍离开身体。

二位：两臂保持弧形前举，稍低于水平位置，掌心向内，指尖相对。

三位：两臂保持弧形上举，位置稍偏前，掌心向内。

四位：两臂成弧形，一臂上举，一臂前举。

五位：两臂成弧形，一臂上举，一臂侧举。

六位：两臂成弧形，一臂前举，一臂侧举。

七位：两臂成弧形侧举，掌心向前。

参考文献

[1] 林志超 . 高职体育与健康规划教程 [M]. 北京：北京体育大学出版社，2009.

[2] 宦集体，杨春，刘成 . 高校田径运动教学与训练 [M]. 哈尔滨：东北林业大学出版社，2009.

[3] 王步标，华明，邓树勋 . 人体生理学 [M]. 北京：高等教育出版社，1994.

[4] 国家体育总局全民健身指导小组 . 吃的科学——健康与营养 [M]. 北京：北京体育大学出版社，2001.

[5] 体育理论教材编写组 . 体育理论 [M]. 北京：高等教育出版社，1989.

[6] 唐建军 . 台球运动教程 . 北京：北京体育大学出版社，2006.

[7] 全国体育学院教材委员会 . 中国武术教程 [M]. 北京：人民体育出版社，2004.

[8] 刘卫军 . 跆拳道 [M]. 北京：北京体育大学出版社，2002.

[9] 许声宏 . 空手道 [M]. 北京：北京体育大学出版社，2010.

[10] 马鸿韬 . 健美操运动教程 [M]. 北京：北京体育大学出版社，2007.

[11] 赵栩博，崔海燕 . 健美操 [M]. 北京：北京体育大学出版社，2006.

[12] 杨威 . 学跳交谊舞 [M]. 上海：同济大学出版社，2000.

[13] 夏越 . 现代高校体育教学研究 [M]. 北京：北京理工大学出版社，2019.01.

[14] 杨景元，董奎，李文兰 . 体育教学管理与教学现状 [M]. 长春：吉林人民出版社，2019.10.

[15] 辛娟娟 . 运动技能与体育教学 [M]. 北京：九州出版社，2018.06.

[16] 王芊 . 高校体育教学中实施拓展训练的理性思考 [J]. 学周刊，2023（03）.

[17] 王津津 . 高校公共体育排球课程教学质量提升路径研究 [J]. 武术研究，2022（12）.

[18] 李存东 . 我国高校体育教育成本构成项目及影响因素 [J]. 体育风尚，2022（12）.

[19] 宣暄，戚灿灿 . 影响高校学前教育专业体育实践教学体系构建的相关因素分析 [J]. 商丘师范学院学报，2022（12）.